FACTopia!

팩토피아

꼬리에 꼬리를 무는 400가지 사실들

④ 동물 상식

줄리 비어 글・앤디 스미스 그림・조은영 옮김

시공주니어

차례

으르렁, 쉬리릭, 날름대는 팩토피아에 온 걸 환영해! • 6

아기 동물 • 8

코끼리 • 10

동물의 소리 • 12

팩트 꼬리 물기 • 14

새 • 16

날개 • 18

활공의 달인 • 20

야행성 동물 • 22

동물의 눈 • 24

팩트 꼬리 물기 • 26

섬에 사는 동물 • 28

도마뱀 • 30

탈출의 귀재 • 32

잠자는 동물들 • 34

고래 • 36

동물의 식사 • 38

가죽과 피부 • 40

동물의 색깔 • 42

동물 친화적 식물 • 44

곤충 • 46

고산 동물 • 48

심해 생물 • 50

눈 • 52

원숭이 • 54

꼬리 • 56

속도의 달인 • 58

느리기로는 일등 • 60

산호초 • 62

우림의 동물 • 64

팩트 꼬리 물기 • 66

동물의 무장 • 68

멸종 동물 • 70

추위를 견디는 동물 • 72

잠을 자는 동물 • 74

오스트레일리아 동물 • 76

희한한 알 • 78

초원에 사는 동물 • 80

고양잇과 동물 • 82

별자리 속 동물 • 84

헤엄치기 • 86

변장의 귀재 • 88

습지 동물 • 90

진흙 • 92

동물의 몸 씻기 • 94

털 • 96

기록을 세운 동물들 • 98

동물의 뿔 • 100

팩트 꼬리 물기 • 102

- 직업이 있는 동물 • 104
- 농장 동물 • 106
- 동물의 이빨 • 108
- 아주 작은 생물 • 110
- 콧물 • 112
- 동물의 코 • 114
- 냄새 • 116
- 팩트 꼬리 물기 • 118
- 곰 • 120
- 발 • 122
- 동물의 화석 • 124
- 신화 속 동물 • 126
- 말 • 128
- 동물계의 슈퍼스타 • 130
- 팩트 꼬리 물기 • 132
- 물고기 • 134
- 동물의 무늬 • 136

- 흑백 동물 • 138
- 쏘는 동물 • 140
- 팩트 꼬리 물기 • 142
- 갑각류 • 144
- 동물과 예술 작품 • 146
- 영웅이 된 동물 • 148
- 빛을 내는 동물 • 150
- 딱정벌레 • 152
- 동물에서 착안한 기술 • 154
- 동물의 가시 • 156
- 부드러운 동물 • 158
- 설치류 • 160
- 팩트 꼬리 물기 • 162
- 강에 사는 동물 • 164
- 해변 • 166
- 거북 • 168
- 동물의 호흡 • 170

- 동물의 재생 • 172
- 팩트 꼬리 물기 • 174
- 영리한 동물들 • 176
- 동물의 집 • 178
- 동물의 분비물 • 180
- 동물의 소통 • 182
- 동물의 발 • 184
- 거꾸로 다니는 동물 • 186
- 끈적거리는 동물 • 188
- 개구리 • 190
- 팩트 꼬리 물기 • 192
- 아빠 동물 • 194
- 동물의 형제자매 • 196
- 장수 동물 • 198

- 찾아보기 • 200
- 팩토피아를 만든 사람들 • 205
- 참고 자료 • 206
- 사진 및 그림 출처 • 207

으르렁, 쉬리릭, 날름대는

팩토피아에 온 걸 환영해!

지금부터 마음 단단히 먹어. 곧 거친 야생으로 떠날 테니까.
털 달린 동물, 비늘 달린 동물, 기어 다니는 동물,
사랑스러운 동물, 위험한 동물까지!

이번 여행에서는 동물에 관한 어마어마하고 무시무시한 사실들을
알게 될 거야. 예를 들면..

개미는 귀가
없다는 거 알고 있어?
다리로 진동을 느껴서
'소리를 듣지'.

다리 얘기를 더 해 볼까?
딸기독화살개구리는
온몸이 빨간색인데 다리만
푸른색이라 '청바지 개구리'
라는 별명을 얻었어.

파란색을 가진 동물은 또 있어.
북극에 사는 순록의 눈은
여름에는 황금색이지만
추운 겨울이 되면 짙은
푸른색으로 바뀌지.

아이, 추워! 추위에 견디는 동물의 놀라운 생존 전략을 소개할게. 예를 들어 북극여우는 털이 풍성한 꼬리를 담요처럼 몸에 두르고 따뜻하게 잠이 들어.

팩토피아가 어딘가 색다른 곳이라는 걸 눈치챘겠지? 이곳에서는 모든 사실이 다음 사실과 이어져 있어. 아주 기발하고 웃기는 방식으로 말이지.

팩토피아를 모험하다 보면, **가장 깊은 바다**와 **가장 뜨거운 사막, 열대 우림과 드넓은 초원**에서 다양한 동물을 발견하게 될 거야. 심지어 **선사 시대**를 주름잡던 야수들까지! 책장을 넘길 때마다 누가 나올지 기대하는 맛이 쏠쏠하지.

이 책을 탐험하는 길은 한 가지가 아니야. 점선으로 이어지는 팩토피아의 길은 시시때때로 갈라져서 **뒤로 돌아가기도 하고 앞으로 훌쩍 건너뛰기도** 하지. 완전히 새로운, 하지만 여전히 연결된 팩토피아의 세계로 말이야.

어디든 호기심이 이끄는 대로 길을 떠나 봐. 처음부터 차근차근 시작해도 좋아.

동물의 발에 대해 알고 싶으면

이 지름길을 따라가 봐.

184쪽으로 가시오.

갓 태어난 아프리카코끼리 암컷의 몸무게는

사실 코끼리의 **상아**는 **앞니**가 길게 자란 거야.
아프리카코끼리는 상아가 바닥까지 닿을 정도로 자라지 뭐야.

샛비늘치의 **몸**에는 **빛을 내는** 기관이 있어서 어둠 속에서도 빛이 나지.

호두박각시나방 애벌레는 위험을 느끼면 아코디언처럼 **몸**을 압축해서 옆구리에 난 구멍으로 날카로운 휘파람 소리를 낸대.

빛을 내는 반딧불이는 초록색, 노랑색, **주황색**으로 불을 밝혀.

푸른바다**거북**은 등딱지 밑에서 발견된 푸른색 **지방**질 때문에 붙은 이름이야.

거북의 등 **껍데기** 화석 중 가장 큰 건 길이가 2.4미터나 된대. 이 **거북**의 등딱지에는 목 근처에 전투용 뿔도 달렸다지.

방울뱀 **꼬리** 끝의 방울은 케라틴으로 만들어졌어. 케라틴은 동물의 발굽이나 **뿔**, 인간의 머리카락을 만드는 단백질이야.

마다가스카르의 난쟁이여우원숭이는 **지방**이 꼬리에 저장되어 있는데, 이 지방으로 동면하면서 겨울을 나지.

500만 년 전쯤 플로리다에 살았던 어느 멸종한 사슴은 새총처럼 생긴 **뿔**이 **코**에 달렸대.

주머니쥐는 공격받으면 **혀**를 내밀고 지독한 **냄새**를 풍겨서 죽은 척을 한대.

젠투펭귄은 **주황색**의 **혀**를 가졌는데, 뾰족하고 뻣뻣한 털로 덮여 있어서 물고기를 통째로 붙잡아 삼킬 수 있어.

수박 **냄새**를 풍겨 적을 쫓아내는 모자잎갯민숭이는 **갯민숭달팽이**류에 속해.

집낙지 암컷은 **알**을 낳은 다음 팔에서 분비한 광물로 직접 만든 특별한 **껍데기**에 넣고 다녀.

바다레몬은 **갯민숭달팽이**의 일종인데 리본처럼 주름진 띠에 100~200만 개나 되는 **알**을 낳아.

말코손바닥사슴, 하마, 매너티의 **콧구멍**은 **물속**에 잠수할 때면 자동으로 닫혀.

지지배배 지지배배.

멕시코물까마귀는 **물속**에서 걸어 다녀. 곤충을 찾아 강이나 개울 바닥을 따라 걷는 모습이 종종 발견되곤 하지.

팩트 꼬리 물기 · 15

108쪽으로 가시오.

1억 년 전에는 **새들도 이빨이 있었어**.

우적우적

오색방울새는 씨앗, 곡류, 거미 등을 먹는 **잡식성**이야.

흰방울새 수컷은 부리 아래로 피부가 길게 늘어진 촉수가 달려 있어. 이 새는 **세상에서 가장 시끄러운 새**야. 울음소리가 록 콘서트 스피커에서 나오는 소리만큼 크지.

16 • 새

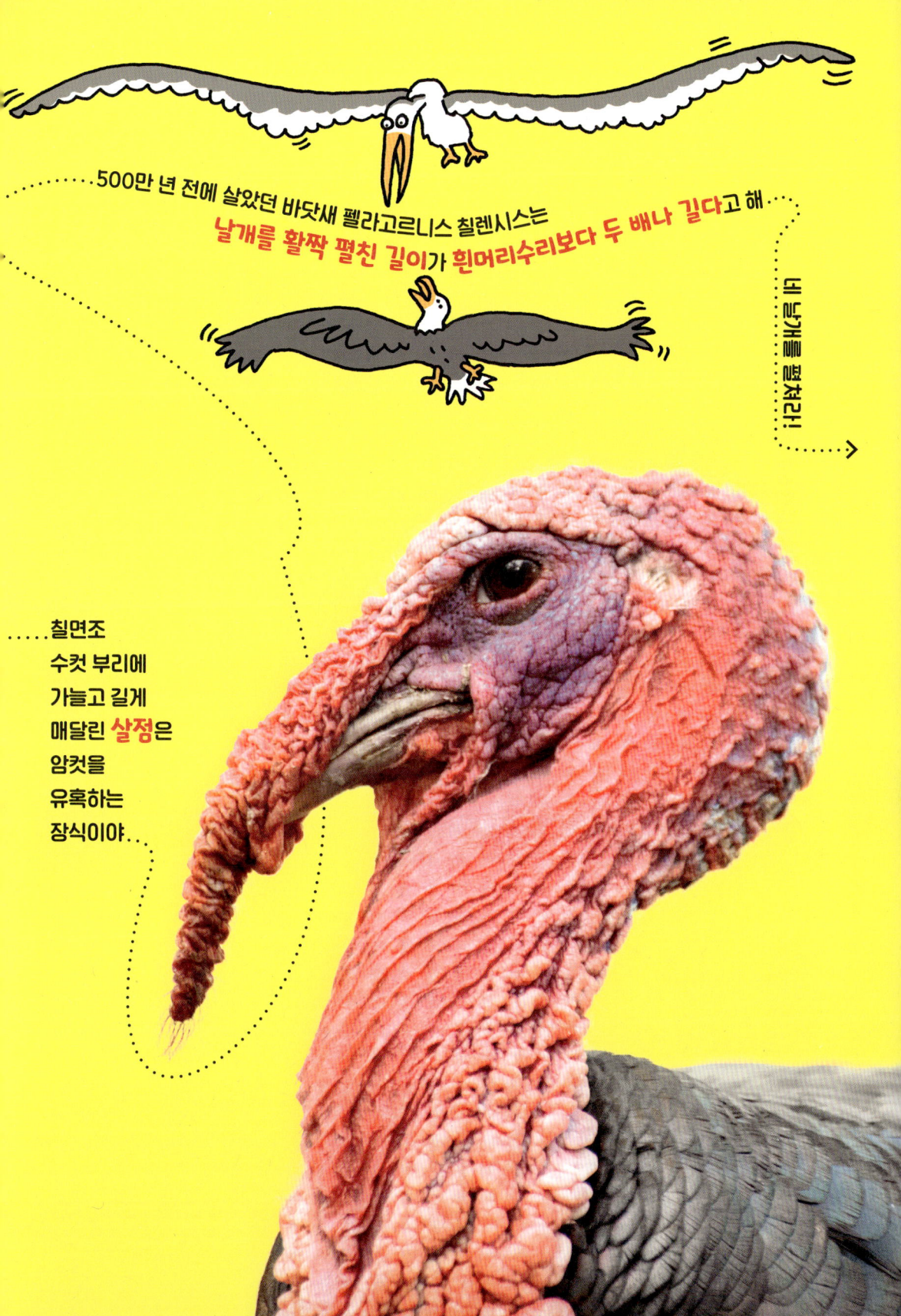

날개 없이 하늘을 나는 동물이 있어.

날원숭이 콜루고는 별명이 '**날아다니는 여우원숭이**'야. 하지만 날지 못할 뿐더러 여우원숭이도 아니지. 콜루고는 뛰어오르는 대신 팔과 다리 사이의 피부막을 날개옷처럼 펼쳐서 나무에서 나무로 활공해. 끼니로 먹을 잎과 과일을 찾아서 말이야.

날다람쥐 중에서 가장 큰 종은 **몸집이 집고양이만큼 커**. 팔다리를 활짝 펼치고 나무 사이를 활공하지.

날치는 **날개 같은 지느러미와 포크처럼 갈라진 꼬리**를 이용해서 활공해.

190쪽으로 가시오.

유대하늘다람쥐는 **밤에 숲속을 펄쩍펄쩍 뛰어다녀.** 이륙하기 전에 머리를 까딱거려서 거리와 고도를 확인하지.

밤에 깨어 있는 동물들

월리스날개구리는 **발가락 사이에 피부막이** 있어서 가지에서 가지로 활공할 수 있어. 유난히 큰 발가락 패드 덕분에 착륙할 때도 잘 들러붙지.

어떤 날치는 한 번에 이층 버스 15대 길이만큼 멀리 날 수 있다고.

활공의 달인 • 21

전갈은 자외선 아래에서 **청록색으로 빛이 나.**

깜깜한 밤에 거미를 손전등으로 비추면 **눈이 초록색으로 빛난다지.**

나 찾아봐라!

그린란드순록의 눈은

여름에 **황금색**이었다가

겨울이면 **짙은 푸른색**으로 바뀌지.

42쪽으로 가시오.

멋진 색깔

그런 눈으로 쳐다보지 마.

빨간눈청개구리는 평소에
초록색 잎 위에서 몸을 위장하고 있다가
누가 건드리면 툭 튀어나온
붉은 눈을 깜빡거려서
포식자를 놀라게 해.

눈표범은 **높이 뛰어오를** 수 있는데, 수마트라코뿔소 네 마리를 한 줄로 세운 길이까지 한 번에 가능해.

백상아리는 먹잇감을 공격할 때 물 밖으로 아주 **높이 뛰어올라**.

사람과 **기린**의 목**뼈** 개수는 같아. 둘 다 일곱 개야!

범고래는 바다의 최고 포식자야. 사냥터에 침입한 **백상아리**를 겁주어 쫓아낼 정도지.

화석이 된 공룡 **뼈**에서도 고약한 **냄새**가 나.

흰코뿔소와 검은코뿔소는 둘 다 몸이 회색이야.

푸른발얼가니새는 암컷에게 잘 보이려고 다리를 높이 들어 올리는 춤을 추며 파란색 발을 뽐내지.

등에 낙타처럼 작은 혹이 있는 동물이 있어. 바로 기린이야.

어떤 백조는 한쪽 발을 등에 걸치고 헤엄을 친대.

아프리카 마다가스카르섬 호랑꼬리여우원숭이는 손목에서 분비하는 냄새 물질을 꼬리에 바른 다음 공중에서 흔들어 짝을 유혹하지.

냄새에서 향기로 변신!

팩트 꼬리 물기 · 27

코모 왕도마뱀은 냉장고 한 대만큼이나 무거워.

바실리스크도마뱀은 곤충을 뒤쫓거나 포식자한테서 도망칠 때

얼른 도망쳐!

짧은 거리는 물 위로 내달릴 수 있어

도마뱀 • 31

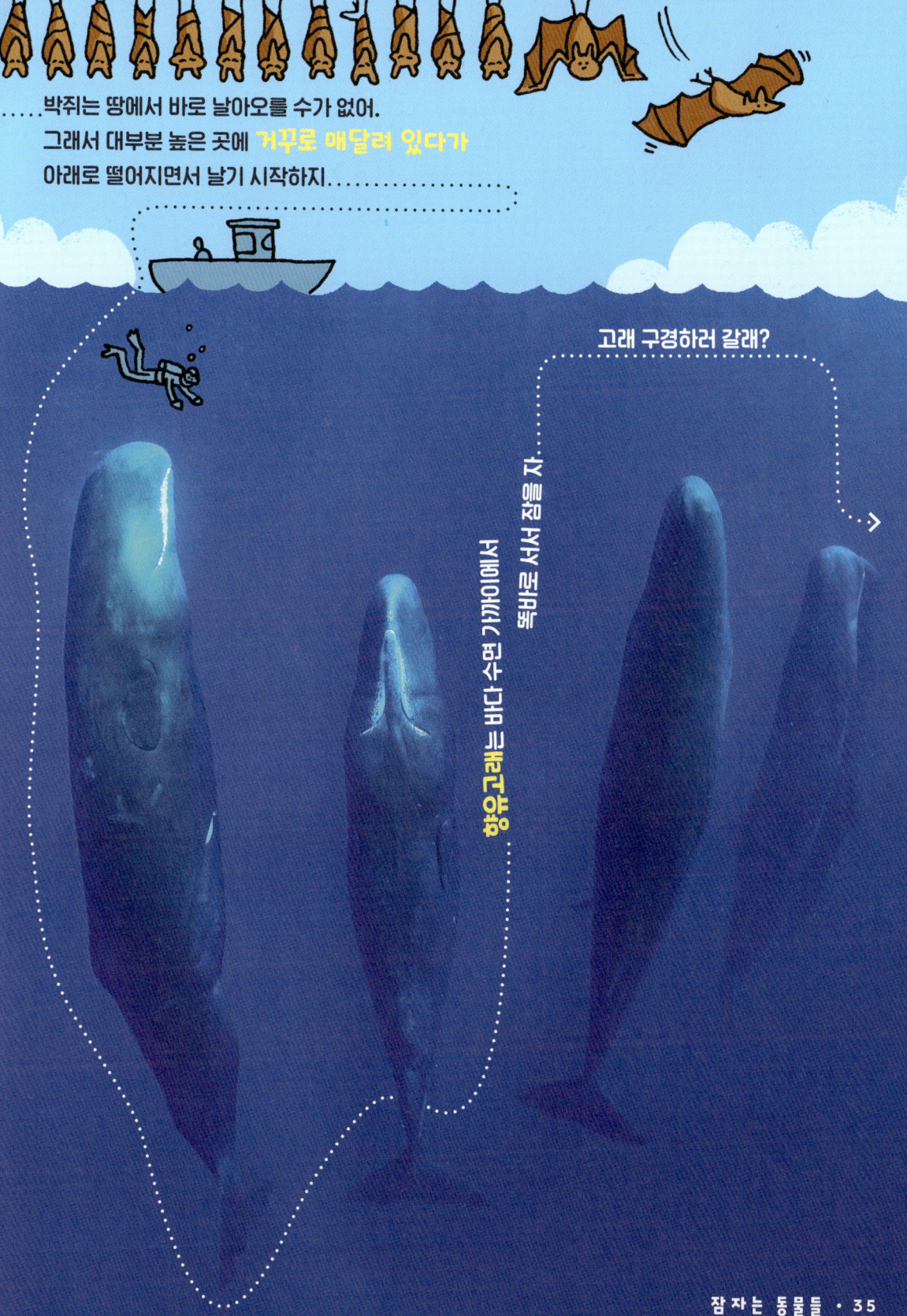

.....박쥐는 땅에서 바로 날아오를 수가 없어.
그래서 대부분 높은 곳에 거꾸로 매달려 있다가
아래로 떨어지면서 날기 시작하지.

고래 구경하러 갈래?

향유고래는 바다 수면 가까이에서 똑바로 서서 잠을 자.

8쪽으로 가시오.

고래도 **햇볕에 피부가 탈** 수 있어

귀여운 아기들!

아기 혹등고래는 엄마한테 **속삭이듯** 말하지.

아직도 배가 고프다고?

대왕고래가 하루에 먹는 음식의 양은 자그마치 머핀 **3만 2,000개의 무게야**.

고래 · 37

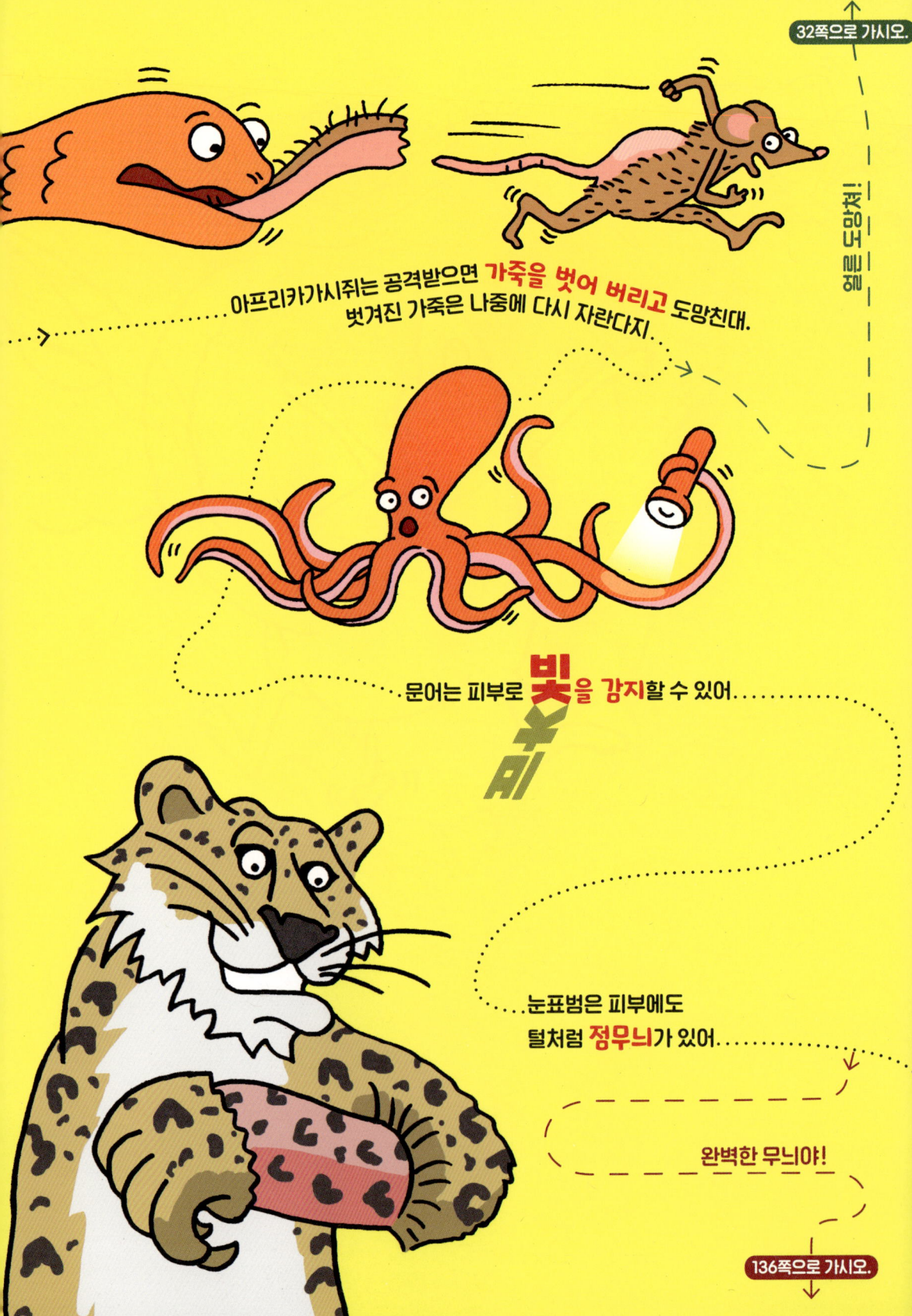

카멜레온은 **피부 색깔을 바꾸어서** 몸을 식히거나 덥혀.

색깔이 화려하군!

어떤 도롱뇽은 몸에 허파가 없어. **대신 피부로 숨을 쉬지.**

120쪽으로 가시오.

푸른혀도마뱀은 **선명한 색깔의 혀**를 이용해 포식자를 겁주곤 하지.

곰 이야기 더 듣고 싶다고?

서둘러 올라가까이.

난초사마귀는 생긴 게 꼭 난초 같아서 그런 이름이 붙었어. 호기심 많은 곤충을 불러들인 다음 가까이 오면 잡아먹는대.

바다에 사는 별벌레는 **피가 보라색**이야.

판다의 **눈 주위에 난 검은 얼룩**은 모양과 크기가 제각각이라 판다들은 그 무늬로 서로를 알아본다는군.

동물의 색깔 · 43

어느 벌레잡이풀은 **나무땃쥐의 변기**로 진화했어. 나무땃쥐는 변기처럼 생긴 주머니 입구에 걸터앉아 꽃꿀을 먹으면서 주머니 안에 똥을 누어. 그런 식으로 식물이 필요한 영양분을 제공하는 거야.

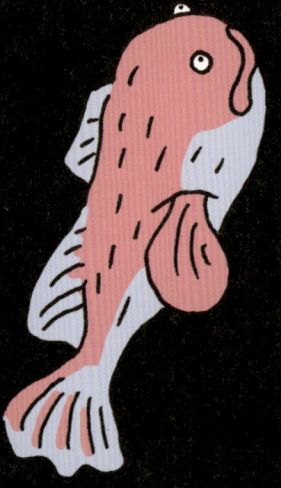

블롭피시는 몸에 근육이 없어서 물 밖에서는 분홍색 물컹한 살덩어리처럼 보여. 하지만 수압이 높은 심해에서는 평범한 물고기처럼 헤엄치지.

대형 관벌레 **갈라파고스민고삐수영벌레**는 심해 **열수구** 옆이 보금자리야. 열수구에서는 뜨거운 물과 유독한 화학 물질이 뿜어 나오지.

134쪽으로 가시오.

환상적인 물고기!

바다 깊은 곳에 사는 아귀 암컷은 **머리 위에 솟은 돌기를 흔들어** 먹잇감을 유혹하지. 이 돌기 끝에서 빛이 나거든.

똥, 모래, 생물의 썩은 물질 등이 바다의 수면에서 심해로 가라앉는 걸 '**바다 눈**' 이라고 해.

심해 생물 · 51

눈표범은 모습을 발견하기가 너무 어려워서 별명이 '유령 고양이'야.

캐나다스라소니의 커다란 발은 털이 빽빽하게 덮여 있어서 **눈 신발** 역할을 하지. 덕분에 발이 눈 속에 푹푹 빠지지 않아······

고양이 보러 가자!

82쪽으로 가시오.

코주부원숭이 수컷의

커다란 코는

소리를 크게 내서
적들에게 물러나라고 경고하지

114쪽으로 가시오.

다음 사건

거미원숭이는 서로 떨어져 있다가 다시 만나면, 껴안아 인사하고 **꼬리로 상대의 몸을 감싼대**.

꼬리가 팔 역할을 한다.

재규어는 때로는

잠자리는 **세상에서 가장 빠른 곤충**이야.
목표로 삼은 먹잇감 중 95퍼센트를 잡아먹어.

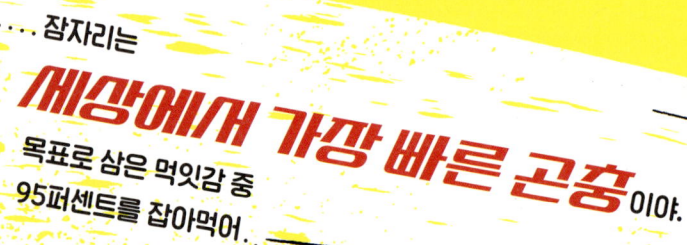

돛새치는 고속도로를 달리는 자동차만큼이나 물속에서 빠르게 움직여.

심장 박동이 가장 빠른 포유류는 피그미뒤쥐인데 1분에 무려 1,200번이나 뛰어. 보통 사람의 평상시 심장 박동 수보다 15배나 빠른 거야!

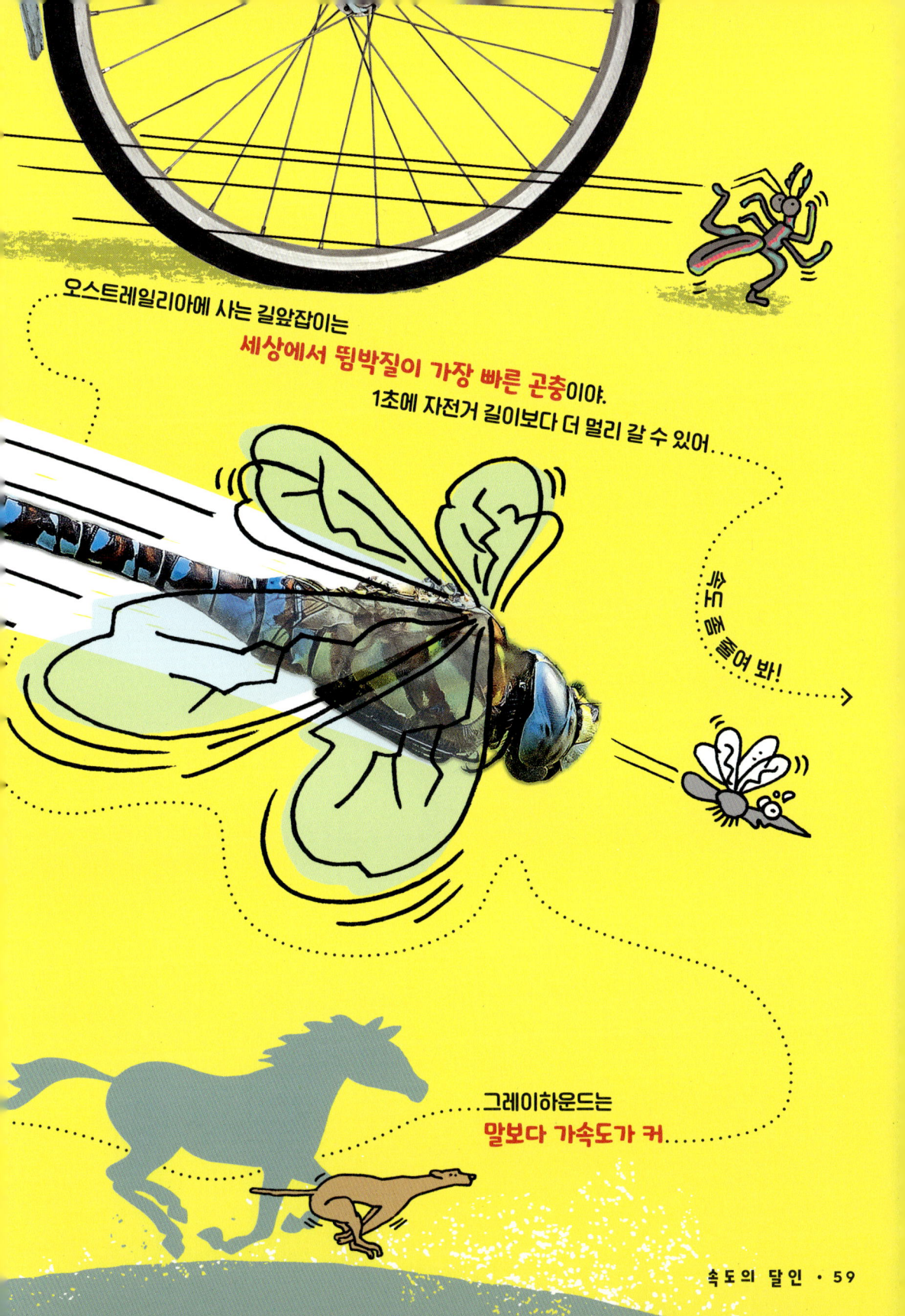

오스트레일리아에 사는 길앞잡이는 **세상에서 뜀박질이 가장 빠른 곤충**이야.
1초에 자전거 길이보다 더 멀리 갈 수 있어.

숨 좀 돌려 봐!

그레이하운드는 **말보다 가속도가 커.**

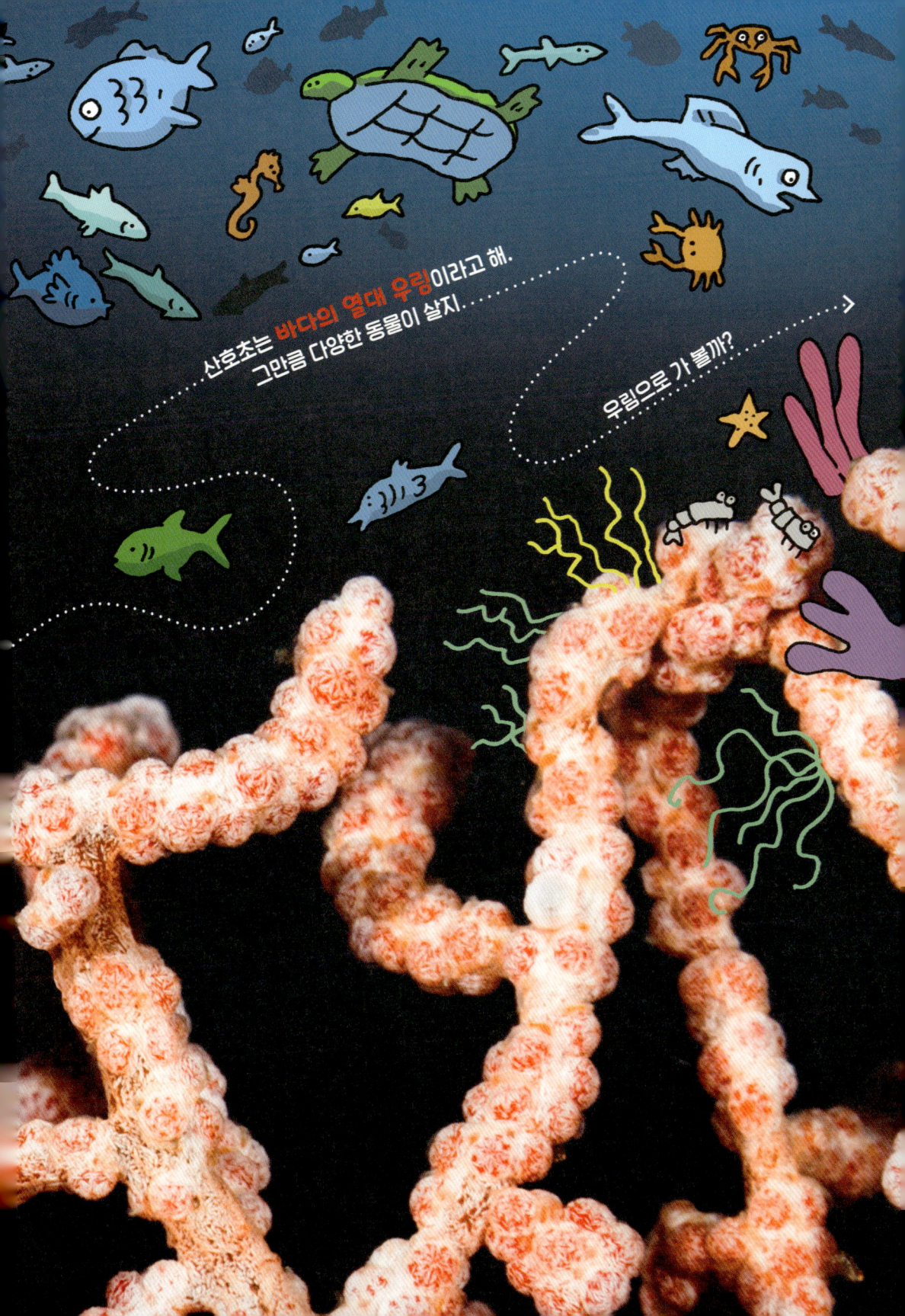

우림에 사는 **웃는얼굴거미**는 몸에 웃는 얼굴처럼 보이는 무늬가 있어.

서로 마주 보고 턱을 크게 벌리는 것은 하마 수컷이 싸움 전에 상대의 크기를 재려는 거야.

곰치는 목구멍에 두 번째 턱이 있어.

하마가 물속에 있을 때면 잉어의 일종인 바브가 그 뒤를 쫓아다니며 하마 피부의 기생충을 뜯어 먹고 하마 입도 청소하고 심지어 하마 똥까지 먹는다지.

어떤 개구리는 제 눈을 사용해서 음식을 목구멍으로 밀어 넣는대.

북부피노키오청개구리는 긴 코 때문에 붙은 이름이야. 머리에서 삐져나온 뾰족한 살점이지.

별코두더지는 먹잇감을 찾을 때 코 둘레에 난 22개의 촉수를 사용해.

다 자란 타조 수컷은 머리가 NBA 농구 골대 그물 바닥에 닿을 만큼 키가 커.

동굴영원은 수중 동굴의 바닥에 사는 도롱뇽이야. 깜깜한 동굴 속에 살아서 눈이 퇴화해 잘 보이지 않지.

*초록해오라기는 영어식 이름이고 한국에서는 아메리카검은댕기해오라기라고 해.

나무늘보는 제 털에 자라는 **초록**색 녹조류를 먹어.

초록해오라기*는 곤충을 물에 **떨어뜨려서** 물고기를 유인한대.

세발가락나무늘보는 **똥**이 마려울 때 매번 같은 나무 밑으로 내려온대. 다른 **나무늘보**와 소통하기 위해서라는 말도 있고, 좋아하는 나무에 비료를 주는 거라는 말도 있어.

이집트독수리는 타조 알에 돌멩이를 **떨어뜨려서** 껍데기를 **부수어**.

해달은 돌멩이를 겨드랑이 밑에 보관해 두었다가 무언가를 **부술** 때 꺼내서 사용해. 조개 같은 **먹잇감**을 말이야.

갑옷으로 무장!

베네수엘라의 **동굴** 천장에 매달려 사는 한 **지네**는 박쥐를 잡아먹고 살아.

아마존왕**지네**는 자신의 몸을 감싸는 딱딱한 외골격을 벗어 버린 후 맛있게 먹지.

철갑딱정벌레는 외골격이 아주 단단해서

자동차에 치여도

끄떡없어...

멋진 딱정벌레!

152쪽으로 가시오.

글립토돈은 아르마딜로의 멸종한 사촌이야.
가시 달린 곤봉 모양의 꼬리가 달렸어.
어찌나 튼튼한 갑옷을 입었는지
검치호랑이도 함부로 건드리지 못했다지.

과거로 가 볼까?

최초의 말이라고 알려진 에오히푸스는 새벽 말이라고도 불리는데, 작은 개와 크기가 비슷했어.

러시아에서 거의 완벽하게 보존된 털매머드 새끼가 발견되었는데 무려 **4만 년 동안이나** 냉동 상태로 있었대.

128쪽으로 가시오.

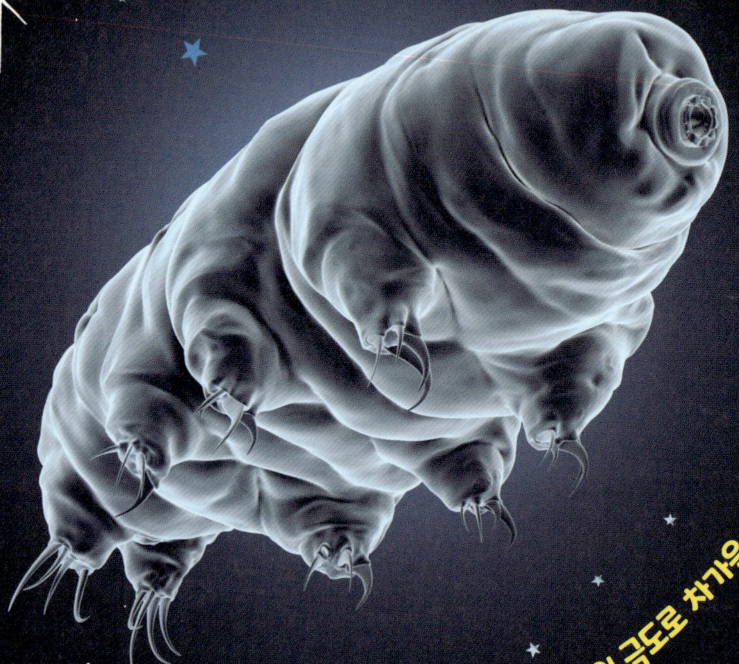

물곰이라고도 부르는 완보동물은 **우주의 극도로 차가운 온도에서도 살아남을 수 있어**.

남극의 황제펭귄은 발꿈치를 땅에 대고 **몸을 앞뒤로 움직이는데** 발이 얼지 않게 하려는 거래.

남극깔따구는 거의 **얼어붙은 채로** 9개월 동안 살 수 있어.

작디작은 애벌레들.

110쪽으로 가시오.

북극땅다람쥐는

동면 상태일 때

체온을 영하로 떨어뜨린대.

잘 시간이야!

흰돌고래 벨루가는 북극의 차가운 물에서 몸을 따뜻하게 유지하기 위해 식빵 10조각만큼 두꺼운 **지방층**을 가지고 있어.

오스트레일리아 동부피그미주머니쥐는 깊은 겨울잠을 자는 상태에서도 산불 같은 위험을 감지할 수 있어……

오스트레일리아로 출발!

잠을 자는 동물 · 75

큰초원뇌조는 수새가 내는 낮은 울음소리를 따라

뽈괭이상어는 **나선 계단 모양의 알**을 낳아.
입으로 물어서 바위틈에 나사 돌리듯 돌려 넣지.

동아프리카와 남아프리카 초원에 사는
얼룩말은 깜짝 놀라면 **방귀**를 뀌어

표범은 다른 대형 고양잇과 동물이나 하이에나가 먹이를 훔쳐 가지 못하게 나무 위에서 밥을 먹는대.

어슬렁어슬렁.......

초원에 사는 동물 • 81

펭귄은 **흑백 턱시도**를 입은 덕분에 물속에서 몸을 위장할 수 있지.
하얀색 배는 밑에서 올려다보았을 때 하늘의 색과 섞이고,
검은색 등은 위에서 내려다보았을 때 짙은 물 색깔과 잘 어우러지거든.

강과 연못의 진흙 바닥에 살고 있는 진흙강아지는
도롱뇽의 일종인데
개가 짖는 소리를 낼 수 있어

유인원과 원숭이는
가족이나 친구끼리
서로의 털에 있는
이를 잡아 줘.
그리고 먹지.

54쪽으로 가시오.

원숭이가 좋아하는 사람, 손!

일본원숭이는
뜨끈한 온천에서
목욕한대.

94 · 동물의 몸 씻기

180쪽으로 가시오.

붉은캥거루와 회색캥거루는 먹거나 몸을 손질할 때 **왼발**을 즐겨 사용한대..

고양이가 털을 핥으며 **몸단장**을 하는 **이유**는 몸을 깨끗하게 하기 위해서야. 그러다가 털을 삼키면 나중에 그걸 토해 내지. 그러다가 털을 삼켰네.

어떤 새끼 새는 자기가 눈 똥을 막으로 감싸서 **똥주머니**를 만든대. 그러면 부모가 와서 이 주머니를 둥지에서 치워 주지. 다른 곳에 버리거나 아니면 먹기도 한대..

북극공의 털은
빨대처럼
속이 비어 있어.

해달은 세상에서 털이
가장 조밀하게 난 동물이야.
우표 한 장 넓이에
100만 개의 털이
촘촘히 박혀 있거든.

기분 보아하니!

흑백의 유혹

138쪽으로 가시오.

털 · 97

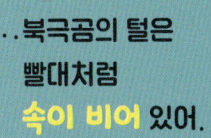

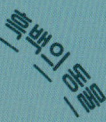

어느 집고양이는 가르릉 소리를 진공청소기 돌리는 소리만큼 크게 낸대. **세상에서 가장 큰 가르릉 소리**라는군......

북극곰은 곰 중에서 발이 가장 커. 너비가 **프리스비 원반만큼 넓지.**

아프리카물소의 뿔이 너무 크게 자라면 가운데에 모여 **하나로 합쳐지기도** 해.

와파티사슴의 뿔은 매일매일 **클립 길이만큼씩** 자라.

사막큰뿔산양은 **뿔로 선인장을 부수어 열고** 그 안에 든 즙을 마셔.

뿔뿔뿔속합기 뿐. 156쪽으로 가시오.

아프리카장갑도마뱀이 위협을 받으면 바위 **사이**로 들어가 **허파**에 공기를 가득 채우고 몸을 크게 부풀린대. 그러면 틈새에 몸이 꽉 끼워져서 누구라도 끄집어낼 수 없지.

나무늘보 몸에는 **허파**를 흉곽에 접착하는 특별한 세포 조직이 있어서 나무에 **거꾸로 매달려** 있는 동안에도 숨을 잘 쉬게 해 줘.

사막거북은 땅에 홈을 파서 그 **사이**에 빗물을 모은대.

사막에 사는 흰줄박각시나방 애벌레는 놀라면 머리를 들어 올리는데 꼭 이집트 스핑크스를 닮았어.

벨로키랍토르는 칠면조 크기의 **공룡**인데 한 번에 축구 골대보다 높이 **뛰어오를** 수 있어.

주머니쥐 새끼는 나무에 **거꾸로 매달리기** 위해 나뭇가지에 **꼬리**를 감아.

기린 **꼬리**는 **육상 동물** 가운데 가장 길어. 골프채만큼이나 된다고!

지금까지 지구에 살았던 가장 큰 **육상 동물**은 파타고티탄 마이오룸이라는 초식 **공룡**이야. 연료와 짐이 가득 실린 상업용 제트 비행기 무게와 비슷하지.

힘하련 가자!

공중으로 **뛰어오르고** 회전하는 긴부리**돌고래**의 행동은 동료에게 자신의 위치나 위험을 알려주기 위한 신호야.

미국 해군은 병코**돌고래**와 바다사자를 훈련해서 바다에서 잃어버린 장비를 찾아서 가져오도록 했어.

쥐잡이 수석
은 영국 다우닝가 10번지의 총리 집무실에서 쥐를 잡는 일을 맡아 하는 고양이야.

아프리카큰도깨비쥐는 **지능이 대단히 뛰어나서** 훈련을 통해 폭발물은 물론이고 병에 걸린 사람의 냄새를 맡을 수 있어.

미국 오리건주의 한 골프장에서는 **염소를 캐디로 고용**했어.
그 염소는 골프채와 공을 넣은 특별한 가방을 등에 메고 다니지.

그럼 놀장으로 가볼까?

직업이 있는 동물 • 105

미국 시카고 공항에서는 수십 마리의 **염소, 양, 당나귀**를 풀어서

소는 하루에 여덟 시간이나 씹기가 위른 풀을 되새김질해

꼭꼭 씹어라!

잔디를 다듬게 하지

돌고래는 물고기를 씹어 먹는 대신 이빨로 꽉 붙잡은 다음 통째로 한입에 삼키지.

비버 이빨은 **주황색**이야.

200만 년 전에 멸종한 상어 메갈로돈은 **버터나이프만큼 긴** 이빨을 가졌어.

완보동물은 이빨 대신 입에 단검처럼 생긴 두 개의 문침이 있어. 그걸로 먹잇감을 찌른 다음 그 안의 내용물을 마시지.

자세히 봐야 보여.

어떤 원숭이는 새의 깃털로 **치실질을 한대**.

꾸러운 떠나는 타임머신을 타자!

70쪽으로 가시오.

동물의 이빨 • 109

평범한 침대에도

150만 마리의

집먼지진드기가 살고 있어…

건초 밭에 사는 짚옴진드기는 사람의 피부를 뚫어 먹고 살아...

패충류라는 미세한 갑각류의 수컷은 마음에 드는 짝에게 잘 보이려고 빛나는 정액을 토한다. 그 정액 참 맛있겠다.

아주 작은 생물 · 111

36쪽으로 가시오.

고래 재채기라면?

보노보원숭이 어미는 **새끼 콧속의 콧물을** 입으로 빨아서 빼내.

놀라운 코네!

콧물 · 113

114 • 동물의 코

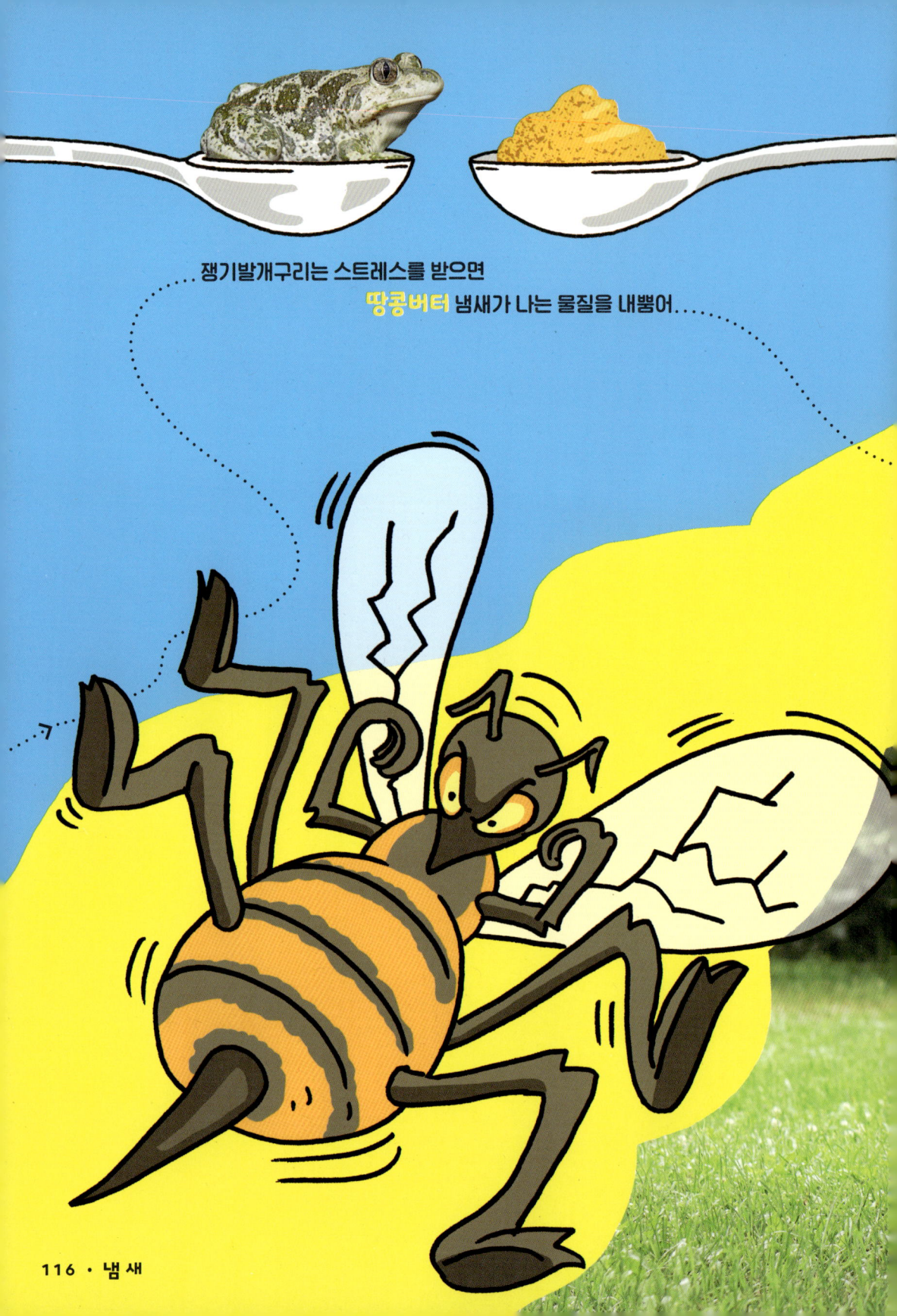

꿀과 벌의 유충을 즐겨 먹는 꿀먹이오소리는 피부가 두꺼워서 아프리카꿀벌의 **독**침도 견딜 수 있어.

꿀 한 티스푼을 모으려면 꿀벌 열두 마리가 평생 꿀을 따러 다녀야 해.

독뱀 검은맘바는 **흰개미집**에서 잠을 자.

화식조는 크고 날지 못하는 새인데, 10센티미터짜리 **날카로운** 발톱이 달린 발로 포식자에게 강력한 **발차기** 공격을 하지.

칠성장어는 턱이 없이 빨판처럼 생긴 둥근 **입**으로 다른 물고기의 몸에 달라붙은 다음, **날카로운** 이빨로 살점을 긁어내고 피를 빨아 먹는대.

거미의 **발**은 수백만 개의 작은 **털**로 덮여 있어서 어떤 표면에든 달라붙을 수 있지.

캥거루 수컷은 경쟁자와 싸울 때 꼬리로 균형을 잡고 **발차기**를 양쪽 **발**로 한대.

돌고래는 주둥이 주변에 **털**이 몇 가닥 난 채로 태어나는데, 이 **수염**이 꼭 콧수염처럼 보이기도 해.

흡혈박쥐는 소나 말을 깨물어서 피를 낸 다음 **혀**로 **핥아** 먹어.

큰개미핥기는 **흰개미집**이나 개미집을 파헤친 다음, 끈적한 **혀**로 하루에 3만 5,000마리의 흰개미와 개미를 핥아 먹어.

혀로 눈알을 **핥아서** 청결을 유지하는 동물이 있어. 바로 **도마뱀붙이**야.

노랑붕메기는 머리에서 **꼬리**까지 17만 5,000여 개의 맛봉오리로 덮여 있어. 사람의 **입**보다 20배는 더 많지.

도마뱀붙이는 **꼬리**가 잘리면 돌아와서 잘린 꼬리를 먹는대.

동면을 준비하는 회색곰은 되도록 지방질이 많은 **먹이**를 먹어. 그래서 물고기를 먹을 때도 지방질이 풍부한 배와 눈만 먹고 나머지는 남기지.

바다코끼리는 바다의 밑바닥에서 **수영**으로 **먹이**를 찾아.

말레이곰은 새끼를 팔로 안고 뒷다리로 서서 걸어갈 때가 있어.

미국 버지니아주의 한 여성은 아메리카흑곰이 자기 집 마당의 아이들 풀장에서 낮잠을 자는 걸 봤다는군.

피즐리곰은 북극곰과 회색곰의 잡종으로, 아주 희귀하지.

눈 좀 붙이고 올까? 34쪽으로 가시오.

6,600만 년 된 한 요상한 화석에 '미친 야수'라는 별명이 붙었어.
설치류처럼 긴 앞니에 뒷다리는 악어처럼 벌어졌고
주둥이 위에는 구멍이 있거든

산갈치는 작은 트럭보다 몸이 길게 자라기도 해. 산갈치를 보고 **바다뱀** 전설이 탄생했다고들 하지.

말에 대해 말해 볼까?

고대 이집트에서 뜨거운 소금 평원 위에 알을 낳는 홍학은 신화 속 **불사조** 피닉스에 영감을 주었을 거야. 불사조는 불에 타서 죽은 다음 그 재에서 다시 태어나는 새야.

거대한 바다 괴물 **크라켄** 이야기는 스칸디나비아 설화에서 시작했어. 고대 스칸디나비아어로 '크라켄'은 아래로 잡아끈다는 뜻이야. 전설에서 이 생물은 거대한 팔로 배를 휘감아 물속으로 끌어내리거든.

유니콘은 스코틀랜드를 대표하는 공식 동물이야.

신화 속 동물 · 127

1976년까지 런던의 택시 기사는 법에 따라

128 • 말

말에게 줄 먹이를 싣고 다녀야 했어.
말이 모는 택시는 오래전에 사라졌는데 말이지.

전설의 경주마
세크러테리엇은
다른 말보다 심장이
두 배나 더 컸대.

승자는 바로 바로!

말은 매일 **탄산음료 캔 100개**를 채울 정도의 침을 흘려.

틸먼이란 이름의 불독은
스케이트보드 타는 개
로 유명해. 스케이트보드에 올라 한 발로 땅을 차서 공원을 돌아다녔지. 뉴욕시 타임스퀘어까지 접수했었다는군.

피부에 **물기**를 유지하기 위해 오스트레일리아 청개구리는 자기가 직접 안개를 만들어. 차가운 밤공기를 맞고 있다가 지하의 따뜻한 굴로 뛰어들어 피부에 물방울이 맺히게 하지.

빨강오징어가 **바다** 밖으로 날아오르는 속도는 세계에서 가장 빠른 인간인 우사인 볼트가 **달리는** 속도에 버금간대.

나팔고니는 **달려서** 날아오르는데, **물** 위를 가로지르는 소리가 마치 말이 뛰는 소리 같아.

복서라는 품종의 개는 **흥분하면** 뒷발로 서서 균형을 잡은 채 앞발로 상대와 권투하기도 해.

기니피그는 '팝콘'이 될 때가 있어. **흥분하면** 공중으로 통통 **뛰어**오르거든.

빨간씬벵이는 별명이 '털 달린 **개구리** 물고기' 이지만, 개구리도 아니고 털도 없어. 몸은 살로 된 가시로 덮여 있고, 지느러미로 바다 밑바닥을 걸어 다닌대.

바다거미

자이언트혹머리 비늘돔은 초대형 이마로 적들을 **들이받는** **바다**의 물고기야.

플로리다주에 사는 매너티는 제 영역에 악어가 나타나면 슬슬 **헤엄쳐** 가서 다른 데로 갈 때까지 **들이받는**대.

물**주머니**쥐의 몸에는 방수가 되는 주머니가 있어서 개울이나 연못에서 **헤엄치는** 동안에도 새끼가 물에 젖지 않아.

어린 왈라비는 위험을 감지하면 폴짝 **뛰어** 어미의 **주머니**로 들어가 안전하게 숨지.

붉은입술부치는
입술에 **진한 빨간색 립스틱**을
바른 것 같아.

재규어 몸의 무늬는
장미꽃을 닮았다고 해서
장미를 뜻하는 '**로제트**'라고 부르기도 해.

흰점꺼끌복 수컷은 암컷에게 잘 보이려고
바다 밑바닥에 모래로 무늬를 만들고 껍데기로 멋지게 장식한다지

컴퓨터 과학자들은 사진 속 얼룩말을 하나하나 구분하기 위해 **바코드 시스템**을 만들었어.

자연 속 흑백.

대왕판다는 **물구나무를 선 채로** 쉬할 때가 있어.

달마시안은 가죽은 물론이고 **입안에도** 얼룩과 반점이 있어.

타란툴라사냥벌은 '타란툴라매'라는 별명도 있지만, 사실 거미도 새도 아니야. 곤충 세계에서 **가장 침을 아프게 쏘는 말벌이지**

140 · 쏘는 동물

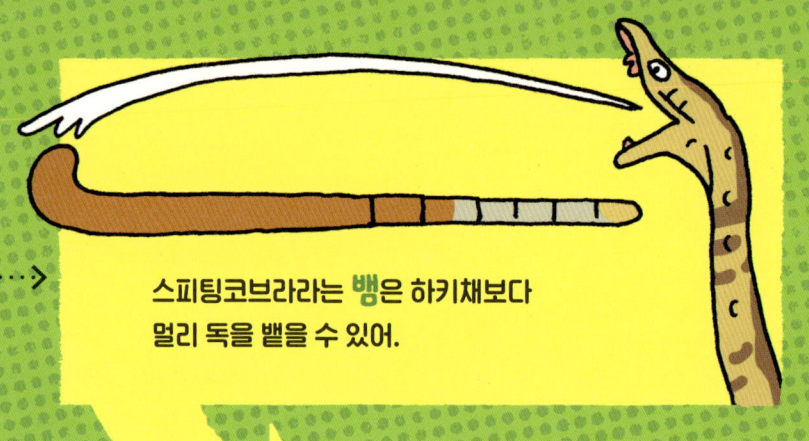

스피팅코브라라는 뱀은 하키채보다 멀리 독을 뱉을 수 있어.

세상에서 가장 작은 새 알은 벌새의 알인데 크기가 콩 한 알만 해.

킹코브라는 뱀 중에서 유일하게 둥지를 짓고 알을 낳아.

갈라파고스펭귄은 현무암 구멍에 알을 낳고, 아델리펭귄은 구애할 때 돌멩이를 줘.

오소리는 굴 밖에 얕은 구멍을 내어 화장실로 사용해.

검은백로는 얕은 물에 들어가 날개를 머리 위로 접어서 양산처럼 만든 다음 그 그늘에 모인 물고기를 사냥했어.

악어는 작은 돌멩이를 삼켜서 물속에 오래 잠수할 수 있어.

말코손바닥사슴은 물속에서 먹이를 구해. 호수나 연못의 바닥에서 자라는 식물을 뜯어 먹지.

오리너구리는 연못과 강바닥에서 민감한 부리를 사용해 먹이를 찾아. 먹잇감이 만드는 전기장을 감지하거든.

붉은목벌새는 **날개**를 1초에 50회 이상 퍼덕여.

익룡은 **날개**를 펄럭이며 하늘을 날아다녔던 **공룡** 시대 파충류야. 땅에서 걸어 다닐 때도 날개를 사용했지.

공룡
스피노사우루스는 오늘날의 **백로**처럼 물속과 물가에서 모두 사냥했어.

위에 이빨이 있는 달랑**게**는 이 위로 소화는 물론이고 으르렁 소리를 내어 포식자를 쫓아내.

갈색사다새는 **부리** 안에 **위**장의 세 배나 되는 음식을 넣을 수 있어.

야자집**게**는 집게발의 톱니를 칼처럼 사용해 코코넛을 열지.

옆으로 움직여 피해라!

팩트 꼬리 물기 • 143

2008년에 한 프랑스 예술가가 **지점토로 대왕판다** 1,600마리를 제작해 전 세계 도시를 다니며 전시했어. 당시 야생에 남아 있던 판다의 수가 그거밖에 안 되었대.

미국 텍사스주 휴스턴에 있는 한 동물원은
레서판다, 코뿔소, 치타가 직접 그린 **그림**을 팔아.

스코틀랜드 에든버러에는 보이테크라는
갈색곰을 기념하는 동상이 있어.
이 곰은 훈련을 받아서 제2차 세계 대전 당시
폴란드 군대가 공급품을 운반하는 걸 도왔지.

슈퍼히어로들을 만나자!

동물과 예술 작품 • 147

오스트레일리아의 범무늬고양이 샐리는 **주인의 목숨을 구했어.** 집에 불이 나자 잠이 든 주인의 몸에 올라가서 뛰고 소리를 질러 깨웠거든.

프리다라는 래브라도 리트리버 품종은 멕시코에 지진이 일어났을 때 **생존자 구출을 도왔어**.

제1차 세계 대전에 참가한 병사들은 유리병에 **반딧불이**를 모아 그 빛으로 밤에도 지도와 보고서를 읽었어.

세상을 밝게 보라고!

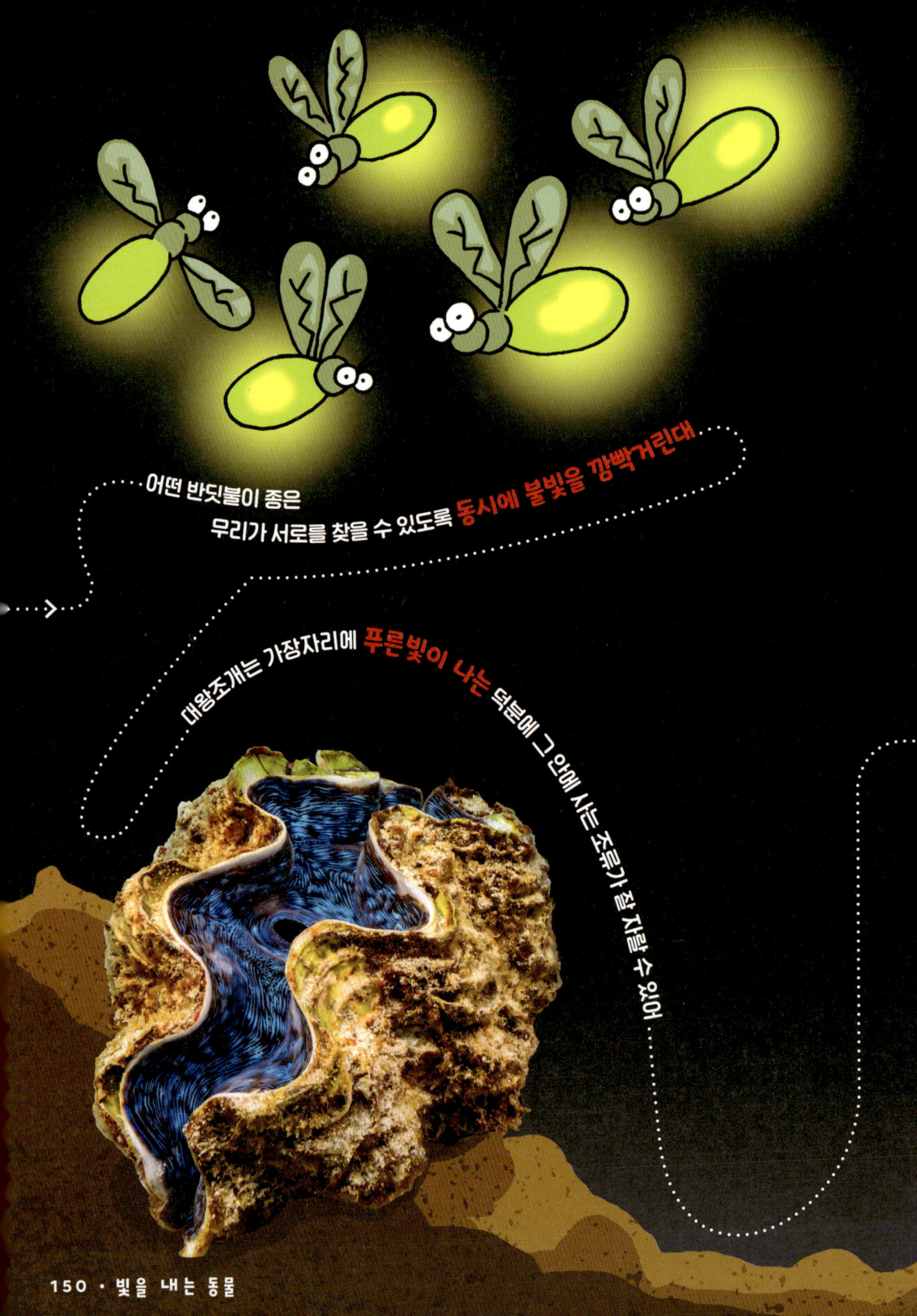

어떤 반딧불이 종은 무리가 서로를 찾을 수 있도록 **동시에 불빛을 깜빡거린대**

대왕조개는 가장자리에 **푸른빛이 나는** 덕분에 그 안에 사는 조류가 잘 자랄 수 있어

88쪽으로 가시오.

쪽쪽 숨어라!

어느 **바퀴벌레 종**은 몸에서 초록색 빛을 내. 덕분에 포식자가 독이 든 딱정벌레로 착각하고 가까이하지 않지.

하와이귀꼴뚜기는 밤이면 **달빛을 흉내 낸** 푸른빛으로 자신을 위장하지.

공격을 받은 거미불가사리는 **빛이 나는 다리 하나를 떨어내.** 포식자가 그걸 따라갈 때 슬쩍 도망을 치지.

빛을 내는 동물 • 151

타이탄하늘소는
강한 턱으로 연필을

물어서

두 동강을 낼 수 있어

나미브사막풍뎅이는
공기 중에 떠다니는 물방울을
껍데기 안에 모을 수 있어.
덕분에 아주 뜨겁고 건조한
사막에서도 살아남았지.
이 곤충을 연구해
공기 중의 습기를 모아
물이 저절로 채워지는
물병이 개발 중이야.

미래로 출발!

딱정벌레 · 153

털 달린 따뜻한 잠수복을 만들기 위해 과학자들은 비버와 해달의 털을 복제한 소재를 만들었어·····

96쪽으로 가시오.

고마한 털!

·····과학자들이 코끼리 코에서 착안해 어느 방향으로든 움직일 수 있는

154 · 동물에서 착안한 기술

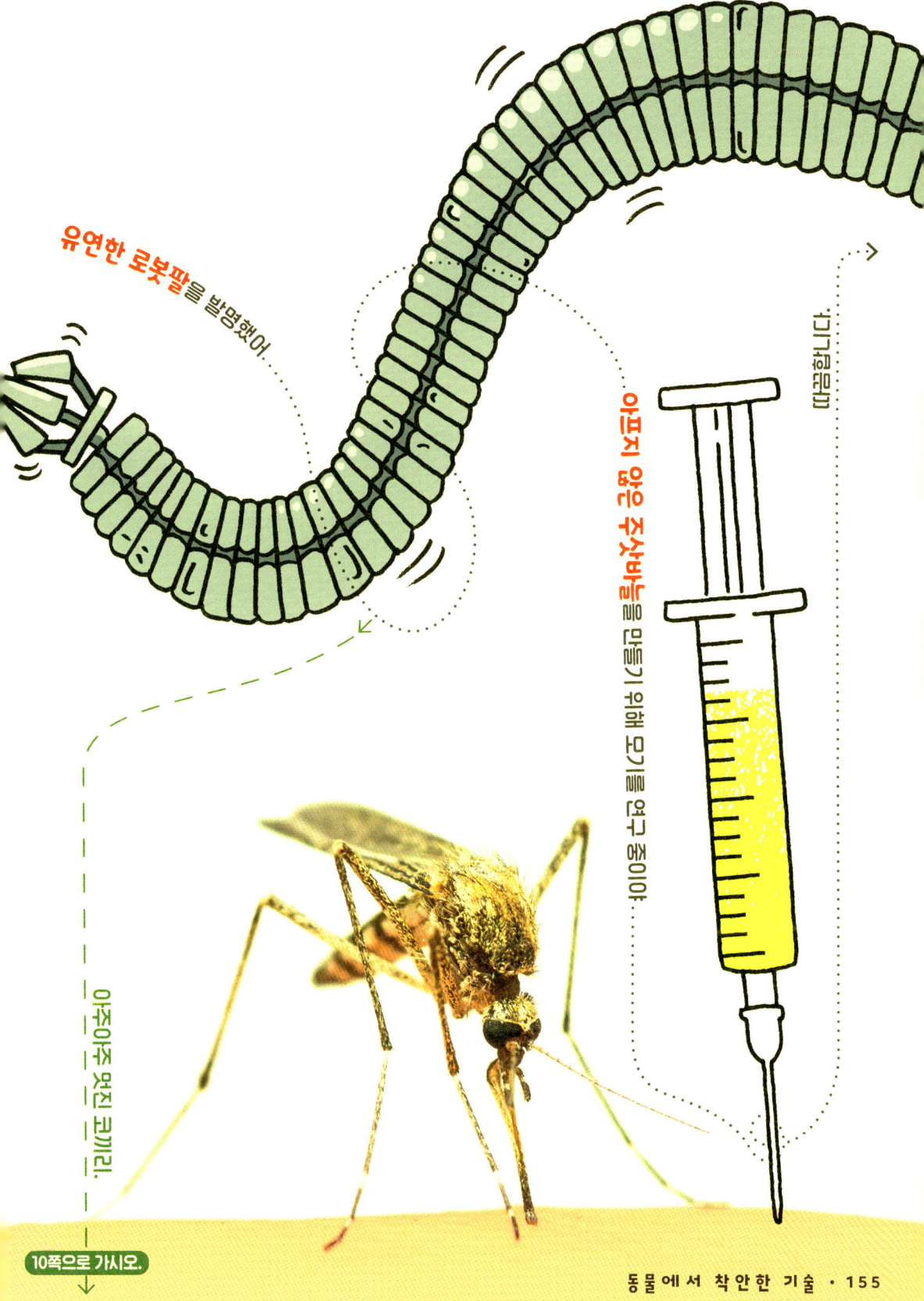

갓 태어난 고슴도치 새끼의 **가시는 부드러워.**
하지만 하루 만에 가시가 단단하고 뾰족해지지.

텍사스뿔도마뱀은 공기로 몸을 잔뜩 부풀려서
피부에 난 가시가 튀어나오게 해.
그럼 포식자가 먹기 힘들어지거든.

고슴도치는 꼬리에 있는 **속이 빈 가시로**
덜걱거리는 소리를 내. 포식자에게 물러나라고 보내는 경고야.

플란넬나방 애벌레의 털은
작은 가시인데, 놀랍게도 **독으로 채워져** 있어.

또 어떤 모양의 가시가 있을까? 30쪽으로 가시오.

엘프올빼미는 **세상에서 가장 작은 올빼미야.** 사막의 변경주선인장 구멍 안에 살지.

...... 영국 앙고라토끼 프란체스카는 36센티미터가 넘는 긴 털로 **세계 기록을 세웠어**.

겨울이면 북극여우는 폭신한 꼬리를 **몸 주위에 감고서 따뜻하게** 잠을 잔대......

......알파카의 **부드러운 털**을 깎아 만든 실은 불에 잘 타지 않아......

카피바라는
아침마다 **자기 똥을 먹어**.

뉴욕시의 한 시궁쥐는
지하철 계단에서 피자 조각을 물고
내려가는 모습이 촬영된 후
'피자 쥐' 라는 별명을 얻었어.

어떤 동물은 인간처럼 고유한 지문이 있어. 예를 들어 고릴라, 침팬지, 코알라가 그래.

코알라는 나무를 꼭 껴안아서 몸의 열을 식히지.

늑대는 무리마다 고유의 울음소리가 있어.

염소 두 마리가 뉴욕시 지하철 철로를 방황하는 바람에 지하철이 한 시간 이상 지연된 적이 있어.

피그미뒤쥐는 한 시간마다 한 번씩 먹지 않으면 죽어.

동부돼지코뱀이 죽은 척을 할 때가 있어. 포식자의 공격을 받을 때 그래. 심지어 몸을 찔러도 꿈쩍하지 않지.

비버 한 마리가 1년에 평균 300그루의 **나무**를 쓰러뜨려.

하이에나는 굴이나 동굴 주위에 **토**를 해 놔. 그러면 같은 **무리**의 동료가 그 위에서 몸을 구르지.

낙타가 **뱉어** 내는 건 대부분 침이 아니라 **토**사물이야.

갈라파고스붉은게는 **공격을 받으면** 포식자에게 물을 **뱉어**.

수달은 위협을 느끼면 **비명을 지르는데**, 2.4킬로미터 밖에서 들릴 정도로 커.

아마존강돌고래가 **물 위로 살아 있는 거북을 들어 올리는** 모습이 발견되었어. 암컷에게 잘 보이려는 행동이지. 마치 우승자가 트로피를 치켜든 것 같아.

연체동물인 개오지의 껍데기는 **옛날에 돈으로 사용**되었어.

아프리카펭귄은 남아프리카 케이프타운 근처 해안에서 **자기 똥더미** 위에 땅을 파고 둥지를 지어.

바다거북의 성별은 어미가 알을 낳은 모래의 온도로 결정돼.

...어떤 갯민숭달팽이는 기생충에
감염되면 몸통을 잘라 버려.
그러면 머리에서
건강한 몸이 다시 자라지...

어떤 **불가사리**는
잘린 다리 조각에서 몸 전체가 자라기도 해...

고놈 참 재주가 신통하네!

동물의 재생 · 173

고양이는 앉은 자세에서 자기 **키**의 아홉 배나 높이 점프할 수 있어.

치타의 척추는 **유연성이 좋아**. **고양이**들보다도 뛰어나지. 한 걸음에 소형 트럭 한 대 길이를 뛰어.

거미불가사리의 팔은 길이가 테니스 라켓 정도이고 **유연성이 좋아**.

아프리카 사바나의 키가 큰 **풀**숲을 통과할 때면 어미 사자는 새끼가 뒤에서 길을 잃지 않게 검은 술이 달린 **꼬리**를 깃발처럼 높이 세우고 다닌다지.

그레이트데인은 세계에서 가장 큰 개 품종이야. 서 있을 때 **키**가 황제**펭귄** 두 마리를 쌓은 것과 같지.

해마는 해류에 몸이 휩쓸려 가지 않게 꼬리로 **풀**을 꼭 붙잡고 있어.

꼬리를 안전벨트처럼 사용하는 동물이 있어. 거미**원숭이** 새끼는 어미와 함께 나무 사이를 이동할 때 떨어지지 않으려고 꼬리로 어미의 몸을 감아.

베네수엘라의 꼬리감는**원숭이**는 털에 **노래기**를 문질러. 노래기 몸에 특별한 화학 물질이 있어서 다른 곤충을 쫓아 주거든.

훔볼트 **펭귄**은 1.2미터 이상 날아가는 '**똥** 폭탄'을 날려.

매년 해삼 한 마리가 산호초에 14킬로그램의 **똥**을 눈대. 산호초에 **떨어진** 똥 덕분에 산호들이 건강하게 자랄 수 있지.

갈라파고스 제도의 이사벨라섬은 **위**에서 보면 **해마** 모양이야.

오스트레일리아 익살꾼들은 농담 삼아 관광객에게 코알라가 **떨어지니** 머리 **위**를 조심하라고 경고해.

진짜 똑똑하네!

황금점박이**노래기**는 공격을 받으면 구운 아몬드 **냄새가 나는** 화학 물질을 방출해.

미국 캘리포니아의 한 동물원에 사는 어린 **오랑우탄** 켄 앨런은 밤이면 가끔 우리를 탈출해 사육장을 돌아다녀. 그리고 사육사가 알아차리기 전에 다시 돌아와 문을 잠근다지.

어떤 사람들은 두리안에서 양파와 땀에 전 양말 **냄새가 난다고** 하지만, **오랑우탄**은 최고로 좋아하는 과일이야.

꿀벌은 간단한 덧셈, 뺄셈 문제는 풀 수 있어.

뉴칼레도니아까마귀는 굼벵이를 더 잘 잡을 수 있도록

어떤 새는 **뱀 껍질**로 둥지를 짓는대.

북극여우의 똥오줌 덕분에 툰드라의 여우 보금자리 주변에는 **알록달록한 정원**이 펼쳐져. 배설물 안에는 식물에 좋은 비료가 잔뜩 들었거든.

가마새는 둥지 모양이 꼭 **화덕 가마**처럼 생겼다고 해서 지어진 이름이야.

영장류의 하나인 안경원숭이는 포식자나 인간이 듣지 못하는 **고음**의 '끼악' 소리로 자기들끼리 소통한대.

서부로랜드고릴라 코코는 미국 수어로

1,000개의 단어를 배웠어

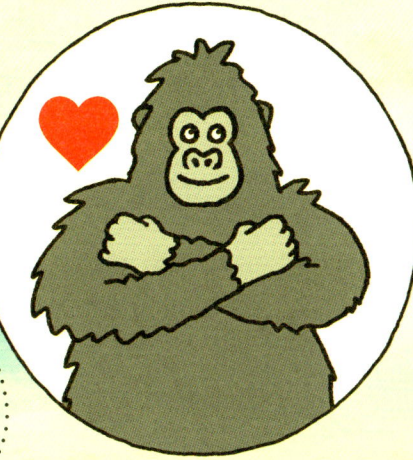

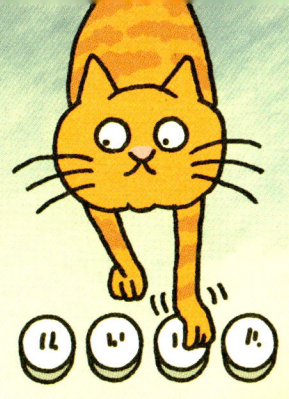

과학자들은 **발로 누르면 단어의 소리가 나는 버튼**으로 개와 고양이가 인간과 대화를 할 수 있는지 연구하고 있어

완벽한 발이군.

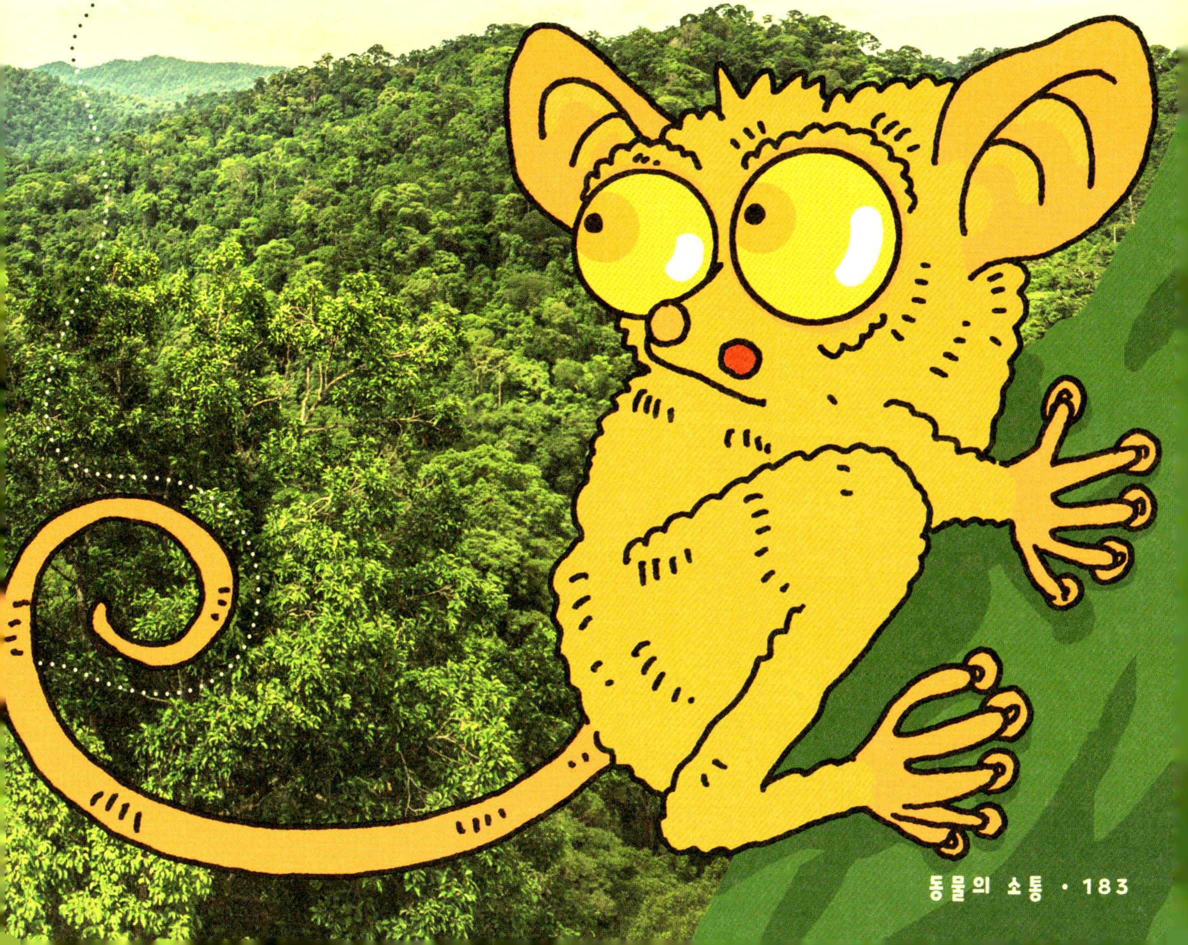

거꾸로 매달릴 수 있어

어린 **투구게**는 등을 아래로 하여 누워서 헤엄치지.

가리비해파리는 눈 사방 천지의 따가운 몸을 내려뜨리고 바닷속 움직이는 해파리들을 향해 아랫배를 호흡하여 뉴이아를 돌보지.

186 · 거꾸로 다니는 동물

흡반발박쥐는
다른 박쥐와 다르게
거꾸로 매달려 있지 않아.
땀 같은 물질을 분비해
잎에 똑바로 붙어 있을
수 있지.

그것 참 끈적거리겠구먼.

거꾸로 다니는 동물

개구리 혀는 끈적거리지 않아.
침이 끈적거리지. 침이 파리 같은 먹잇감에 닿으면
묽은 액체가 되어 벌레 몸에 퍼진 다음
갑자기 진득해지면서 혀에 잘 들러붙게 되는 거야.

물놀이 좀 작작해!

끈적거리는 동물

입 안에 새끼 개구리 있다.

밀랍원숭이청개구리는
왁스 같은 물질을
온몸에 문질러 발라.
햇볕에 몸이 마르지 않게
하려고 말이지.

주머니개구리의 등에는
캥거루 같은 주머니가 있어.
아기 개구리가 될 때까지
등에 지고 다니지.

우림에 사는
딸기독화살개구리는
선명한 파란색 다리만 빼고
몸 전체가 빨간색이야.
그래서 '청바지 개구리'라는
별명이 붙었지.

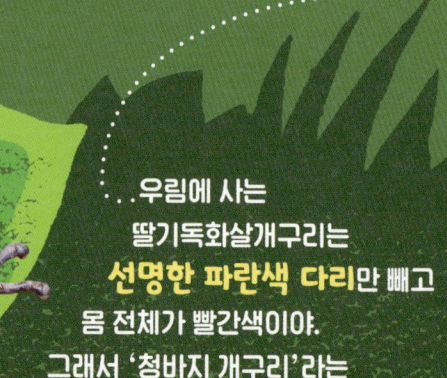

버젯프로그를 성나게 하면 **날카로운 비명**을 질러.

어떤 개구리는 개울이나 강 위에 늘어진 잎 밑면에 알을 낳아. 그래서 알이 부화하면 올챙이가 바로 물에 떨어지는 거지.

더 시끄럽게 해 보기

수련잎을 담당앉자!

64쪽으로 가시오.

벌거숭이두더지쥐는 대장 암컷이 지배하는 무리에서 살아. 다른 가족은 모두 대장의 **새끼**를 돌보는데 새끼의 **똥**까지 먹지.

귀신소쩍새는 독특한 방식으로 기생충이 **새끼**에게 접근하지 못하게 해. 지렁이 같은 뱀을 잡아서 둥지에 두고 기생충을 잡아먹게 하거든.

기린은 **다리**와 **목**의 길이가 같아.

개미는 귀가 없어. 대신 **다리**로 진동을 느껴서 소리를 듣지.

거위벌레의 하나인 기린바구미는 유난히 긴 **목**을 크레인처럼 사용해 **알**을 낳을 둥지를 지어.

미국 남북 전쟁 때는 박쥐의 **똥**으로 화약을 만들어 썼대. 이 똥은 텍사스 **브랙큰 동굴**에서 수집했다지.

브랙큰 동굴에서는 **여름**이면 새로 태어난 박쥐가 1제곱미터당 5,000마리 이상 빽빽하게 무리 지어 지낸대.

자랑스러운 아빠들 모이세요!

남극은 토종 **개미** 종이 없는 유일한 대륙이야.

여름철에는 젠투펭귄 3,000마리가 **남극**의 '펭귄 우체국' 바깥에서 살아. 펭귄 우체국은 세계에서 가장 남쪽에 있는 우체국이지.

물자라 암컷이 **알**을 낳으면 수컷이 그 알을 등에 지고 다니며 부화할 때까지 보살피지.

다윈코개구리 수컷은 올챙이를 삼키고 두 달 동안 배 속에서 키운 다음 개구리가 되면 **기침을 해서 뱉어 낸대**.

타조는 엄마와 아빠가 번갈아 가면서 알을 품어. 하지만 **밤에는 주로 아빠가 당번을** 서지. 깃털 색깔이 짙어서 포식자의 눈에 잘 띄지 않거든……

해마 아빠는 알을 몸에 품고 다니다가 아기 해마를 낳아.

점점 어두워집니다.
22쪽으로 가시오.

벌거숭이두더지쥐는 땅굴 안에서 돌아다닐 때 자기보다 나이가 많은 형제나 자매를 만나면 길을 비켜 준대.

길을 잃는 이가 없도록 뒤쥐 형제자매는 **어미 뒤에서** 앞에 있는 쥐의 꼬리를 물고

아홉띠아르마딜로의 어미는 거의 **언제나** **네쌍둥이**를 낳는대.

긴 사슬처럼 움직여.

모래뱀상어 새끼들은
어미 몸속에서
한 놈만 남을 때까지
서로 잡아먹어.

정말 빨리 자란다.

새끼 치타가
독립할 나이가 되면
보통 **수컷 형제들끼리
모여서** 살아.

세상에서 가장 오래 산 육지 동물은

육지거북

조나단 이야.

휘발유 자동차가
처음 발명되기도 전에
태어났어!

찾아보기

ㄱ

가마새 178
가시 69, 133, 156-7, 180
가시두더지 77
갈라파고스민고삐수염벌레 50
갈라파고스붉은게 163
갈라파고스펭귄 142
갈색곰 121, 147
갈색사다새 143
갑각류 111, 144-5
갑오징어 88
갑옷 68-9
개 59, 85, 130, 132, 138, 149, 174, 183
개구리 6, 21, 25, 65-6, 116, 132, 188-91, 194
개미 6, 192-3
개오지 166
갯민숭달팽이 15, 172
거꾸로해파리 186
거대땅늘보 70
거미 16, 23, 64, 118, 140
거미불가사리 151, 174

거미원숭이 55, 174
거북 14, 82, 102, 164, 166, 168-9, 198
검은맘바 118
검은백로 142
검은코뿔소 27
게 143-5, 163, 186
고래 26, 35-7, 73, 112, 126, 139
고릴라 163, 183
고산 동물 48-9
고슴도치 155-6, 180
고양이 20, 82-4, 95, 98, 104, 148, 174, 183
곰 49, 97-8, 120-1, 147
곰치 66
공룡 26, 101-3, 123, 125, 143
구름표범 184-5
귀 22, 46, 192
귀뚜라미 46
귀신소쩍새 192
그레이트데인 174
그레이하운드 59
그린란드순록 24-5
글립토돈 69

기니피그 90, 132
기록을 세운 동물들 98-9
기린 26-7, 103, 192
기린바구미 192
기생충 66, 93, 170, 173, 192
기술 154-5
기체 84
기침 12, 194
긴부리돌고래 103
까마귀 15, 176-7
껍데기 15, 38, 136, 144, 152, 166
꼬리 7, 14, 21, 55-7, 69, 103, 118-9, 141, 157-9, 165, 174-5, 196
꼬리감는원숭이 174
꿀먹이오소리 118
꿀벌 117-8, 176
끈적거리다 119, 123, 187-9

ㄴ

나무늘보 60, 67, 102
나무땃쥐 44
나미브사막풍뎅이 153
나방 14, 101, 102, 156
나비 18-9
나팔고니 132
낙타 122, 163
난쟁이여우원숭이 14
난초사마귀 43
날개 17-21, 142-3
날다람쥐 20
날아다니는 여우원숭이 20
날치 20-1
남극 72, 193
남극깔따구 72
남양쥐동 135

200 · 찾아보기

냄새 15, 23, 26-7, 104, 114-17, 121, 175, 180
노랑붕메기 119
노랑엉덩이잎귀쥐 48
노래기 174-5
농게 145
농장 106-7
눈(날씨) 52-3
눈(신체) 6, 23-5, 91, 119
눈꺼풀 91
눈표범 26, 40, 52, 96
뉴칼레도니아까마귀 176
늑대 162
늪송꼬리토끼 90

ㄷ

다리 6, 20, 27, 34, 46, 82, 120, 124, 151, 173, 190, 192
다윈코개구리 194
달랑게 143
달마시안 138
달팽이 15, 34, 60-1, 77, 173, 180-1
당나귀 106
대왕고래 36-7
대왕조개 150
대왕판다 121, 138, 146
도롱뇽 41, 66, 92, 171
도마뱀 30-1, 43, 102, 119, 123, 156
도마뱀붙이 119, 122
독 118, 141, 151, 156
독수리 67
독화살개구리 6, 65, 190
돌고래 36, 73, 103, 108, 118, 164
동굴영원 66

동면 14, 34, 73, 119
동부돼지코뱀 162
돛새치 58
돼지 93
두더지 66, 77, 115
두리안 175
뒤영벌 47
딱정벌레 68, 151-3
딸기독화살개구리 6, 190
똥 44, 49, 51, 66-7, 161, 166, 175, 178, 192-3

ㄹ

래브라도 리트리버 149
레서판다 49, 147

ㅁ

말 71, 119, 128-9, 133, 165, 171
말레이곰 120
말벌 139, 140
말코손바닥사슴 15, 142
맛봉오리 119
매너티 15, 84, 133
매너티 성운 84
매머드 71
메갈로돈 108
메기 119
멕시코물까마귀 15
멸종 15, 68-71, 108, 125
모기 155, 170
모래뱀상어 197
모자잎갯민숭이 15
목 26, 192

목뼈 26, 38
무늬 40, 43, 64-5, 96, 135-7, 139
무족영원 39
문어 40
물곰 72
물범 28, 85
물자라 193
물주머니쥐 133
미뢰 119
미어캣 34
민달팽이 61, 180-1
밀랍원숭이청개구리 190

ㅂ

바구미 192
바나나민달팽이 61
바다거북 14, 166
바다레몬 15
바다뱀 127
바다사자 103
바다악어 165
바다이구아나 29
바다코끼리 13, 119, 170
바닷가재 145
바브 66
바실리스크도마뱀 30
바퀴벌레 151
박각시나방 14, 102
박쥐 22, 35, 67, 119, 187, 193
반딧불이 14
발 21, 23, 27, 53, 62, 72, 91, 98, 118, 121-3, 184
발톱 119, 185
방귀 80

방울뱀 14
백로 142
백상아리 26
백조 27
뱀 14, 38, 49, 118, 142, 162, 179, 192
버젯프로그 191
벌 45, 47, 117, 118, 176
벌거숭이두더지쥐 192, 196
벌레 93, 188
벌레잡이풀 44
벌새 142-3
범고래 26, 139
벨로키랍토르 102
변경주선인장 157
변기 44
별 84-5
별벌레 43
별자리 84-5
별코두더지 66, 115
병코돌고래 103
보노보원숭이 113
복서 132
북극곰 97-8, 120
북극땅다람쥐 73
북극여우 7, 158, 178
북부피노키오청개구리 66
불가사리 60, 151, 173, 174
불독 130
불사조 127
붉은목벌새 143
붉은배피라냐 165
붉은입술부치 134
붉은캥거루 95
블롭피시 50
비늘돔 133
비버 91, 108, 154, 163

빛 14, 23, 40, 51, 149-151
빨간눈청개구리 25
빨간씬벵이 133
빨강오징어 132
뼈 26, 38, 49, 101
뿔 99-101, 127
뿔괭이상어 78

ㅅ

사마귀 43
사막 96, 102, 122, 153, 157
사막거북 102
사막큰뿔산양 100
사슴뿔산호 62
사자 32-3, 174
산갈치 127
산호초 62-3, 175
상아 10
상어 70, 78, 108, 165, 197
색깔 41-3, 88, 194
샛비늘치 14
서부비단거북 168-9
세발가락나무늘보 67
소 99, 107
소라게 144
소리 7, 12-4, 16, 54, 79, 92, 98, 133, 143, 148, 157, 182
소통 67, 121, 180-3
속도 58-9, 62, 132
속살이게 145
수달 91, 164
수마트라코뿔소 27
수영 82, 118-9
수영 82, 84, 90

수어 183
순록 6, 24-5
스컹크 22
스케이트보드 60, 130-1
스피노사우루스 143
스피팅코브라 142
습지 동물 89-91
시궁쥐 160
시타통가 91
신화 125-7
심장 58, 129
심해 생물 50-1
쌍살벌 179
쏘는 동물 140-1

ㅇ

아귀 51
아르마딜로 69, 196
아마존강돌고래 164
아마존왕지네 67
아메리카검은댕기해오라기 67
아메리카흑곰 120
아프리카물소 100
아프리카장갑도마뱀 102
아프리카코끼리 8
아프리카펭귄 33, 166
아홀로틀 171
아홉띠아르마딜로 196
악어 12, 88-9, 133, 142
안경원숭이 182
알 15, 38, 67, 75, 78-9, 101, 126, 142, 167, 190-1, 193-4
알뱀 38
알파카 158

앙고라토끼 158
애벌레 14, 102, 156-7
야자집게 143
야크 48
야행성 22-3
양 106
얼룩말 80, 96, 137
엄니 10, 126
에데스투스 70
엘프올빼미 157
여우원숭이 14, 20, 27
연어 170
열수구 50
염소 105-6, 162
영리한 동물 176-7
영양 91
영웅 148-9
예술 작품 146-7
예티 49
오랑우탄 175
오리너구리 38, 142
오색방울새 16
오소리 118, 142
오스트레일리아 38, 74-7, 132-3, 142, 148, 162, 175
오스트레일리아길앞잡이 59
오줌 178
오징어 88, 132
올빼미 22, 157, 192
올챙이 191, 194
와파티사슴 100
완보동물 72, 109
왈라비 133
왕연어 170
외뿔고래 126
우림 7, 64-5, 191

우사인 볼트 132
웃는얼굴거미 64
원숭이 53-5, 94, 109, 174, 182
원숭이올빼미 22
월리스날개구리 21
위장 25, 86-9, 150
유니콘 126-7
유대하늘다람쥐 21
유인원 94
육지거북 199
이 94
이구아나 29
이빨 16, 38, 70, 108-9, 119, 142
이집트독수리 67
익룡 143
일본원숭이 53, 94

ㅈ

자이언트판다달팽이 77
자이언트혹머리비늘돔 133
작은갈색박쥐 22
잔점박이물범 85
잠자리 58
재규어 56, 82, 136
재생 172-3
재채기 29
쟁기발개구리 116
전갈 23, 141
점액 110-1, 181
점프 174
제왕나비 18-9
젠투펭귄 15, 193
조개 67, 150
조류 150

주머니개구리 190
주머니쥐 15, 103, 133
쥐 40, 48, 73-4, 160-1, 192
지네 67
지능 104
지문 162
직업이 있는 동물 104-5
진드기 93, 110-1
진흙 91-3
진흙강아지 92
집낙지 15
집먼지진드기 110
짚옴진드기 111

ㅊ

철갑딱정벌레 68
청개구리 25, 66, 132
청바지 개구리 6, 190
청설모 159
청소 67, 98, 112, 165
초원뇌조 78
초원에 사는 동물 80-1
추위를 견디는 동물 72-3
치타 57, 147, 174, 197
친칠라 159
칠면조 17, 102
칠성장어 118
침 129, 163, 180, 189

ㅋ

카멜레온 41
카피바라 90, 160
캐나다스라소니 52

찾아보기 · 203

캥거루 76, 95, 118, 190
코 11, 15, 54, 66, 90, 114-5, 155, 171
코끼리 8-11, 154-5
코모도왕도마뱀 30
코뿔소 26-7, 147
코스모케라톱스 리카르드소니 101
코알라 162, 175
코주부원숭이 54
콜루고 20
콧물 112-3
크라켄 127
큰개미핥기 119
킹코브라 142

#

타란톨라사냥벌 140
타이탄하늘소 152
타조 66-7, 194
턱 66, 83, 118, 152
털 40, 66, 95-7
털매머드 71
텍사스롱혼 99
텍사스뿔도마뱀 156
토끼 90, 158
토사물 163
투구게 186

#

파타고티탄 마이오룸 103
판다 43, 49, 121, 138, 146-7
팔레트쥐돔 135
패충류 111
페넥여우 96

펠라고르니스 킬렌시스 17
펭귄 15, 32-3, 42, 72, 86, 139, 142, 166, 175, 193
포유류 48, 58, 171, 184
표범 26, 40, 52, 81, 96, 185
푸른독화살개구리 65
푸른바다거북 14
푸른발얼가니새 27
푸른혀도마뱀 43
프레리도그 179
플란넬나방 156
피그미뒤쥐 58, 162
피그미주머니쥐 74
피그미해마 62
피부 16, 37, 40-1, 66, 111, 118, 132, 156
피부막 20-1
피자 쥐 160-1
피즐리곰 120

#

하늘 17, 19, 85-6, 143
하마 15, 66, 165
하와이귀꼴뚜기 151
하와이몽크물범 28
하이에나 80, 163
해달 67, 97, 154
해마 62, 174-5, 194-5
해바라기불가사리 60
해삼 175
해파리 170, 186
향유고래 35
허파 41, 48, 102, 171
혀 15, 43, 95, 118-9, 188-9

형제자매 196-7
호두박각시나방 14
호랑꼬리여우원숭이 27
호랑이 69, 82
호흡 170-1
혹등고래 37
홍학 34, 127
화석 15, 26, 123-5
화식조 118
활강의 달인 20-1
황제펭귄 72, 174
회색곰 120
회색캥거루 95
훔볼트펭귄 175
휘파람 13-4
흙파는쥐 177
흡반발박쥐 187
흡혈박쥐 119
흰개미집 118-9
흰돌고래 36, 73
흰방울새 16
흰얼굴말벌 139
흰점꺼끌복 136
흰줄박각시나방 102
흰코뿔소 27

팩토피아를 만든 사람들

줄리 비어 글
미국 캘리포니아주에 사는 작가이자 편집자입니다. 비어는 내셔널 지오그래픽 키즈에서 책을 쓰면서 국립공원과 우주는 물론이고 제일 좋아하는 동물까지, 거의 모든 주제를 다루었어요. 이 책에 실을 팩트들을 조사하면서 해달에 관한 팩트만큼은 꼭 실어야겠다고 생각했어요. 해달이 조개를 부수어 먹을 상황을 대비해 겨드랑이 밑에 특별한 돌멩이를 넣고 다닌다는 사실이 어찌나 즐겁던지요. 정말 귀엽고 영리하기까지 하지요!

앤디 스미스 그림
수상 경력이 있는 일러스트레이터입니다. 런던 왕립예술대학교를 졸업한 스미스는 손으로 직접 만든 기분을 주는 긍정적인 작품을 만들어요. 《팩토피아 ④ 동물 상식》의 삽화를 그리는 내내 립스틱을 바른 물고기부터 덥거나 추우면 몸의 색깔을 바꾸는 카멜레온까지 여러 가지 팩트에 놀랐답니다. 특히 불독 틸먼이 뉴욕시 타임스퀘어에서 스케이트보드를 타는 장면을 그릴 때 가장 신이 났어요. 화가의 팔레트처럼 생긴 남양쥐돔을 그리는 건 즐거웠지만 타이탄하늘소가 연필을 부러뜨리는 장면에서는 조금 겁이 나더군요.

로렌스 모튼 디자인
런던의 미술 감독이자 디자이너입니다. 세계 유명 패션 잡지사와 많이 일해봤지만, 《팩토피아 ④ 동물 상식》를 작업할 때만큼 재밌고 즐거운 적이 없었답니다. 특히 수컷 고양이 중에 왼손잡이가 많다는 팩트에 놀랐어요. 모튼 자신도 왼손잡이거든요. 《팩토피아 ④ 동물 상식》에서 모튼은 갈라파고스 제도의 이사벨라섬이 해마의 모양을 닮았다는 팩트를 가장 좋아합니다.

조은영 옮김
어려운 과학책은 쉽게, 쉬운 과학책은 재미있게 옮기려는 번역가입니다. 서울대학교 생물학과를 졸업하고, 서울대학교 천연물과학대학원과 미국 조지아대학교 식물학과에서 공부했어요. 이 책을 옮기면서 오랑우탄 켄 앨런이 밤이면 우리를 떠나 혼자만의 모험을 즐기고 돌아온다는 사실이 너무 재밌었어요. 그 뒤를 따라가 보고 싶은 마음이 굴뚝같았답니다. 《코드 브레이커》, 《10퍼센트 인간》, 《다른 몸들을 위한 디자인》, 《우주의 바다로 간다면》, 《언더랜드》, 《오해의 동물원》 등을 우리말로 옮겼습니다.

참고 자료

과학자를 비롯한 전문가들은 언제나 새로운 사실을 발견하여 정보를 업데이트합니다. 팩토피아 팀은 신뢰할 만한 자료에 근거해 이 책에 나오는 모든 사실을 거듭 확인했습니다. 브리태니커 사실 확인 팀에게 확인도 받았습니다. 이 책을 쓰는 데 사용된 수백 가지 참고 자료 중에 중요한 웹사이트를 소개합니다.

언론사

내셔널 지오그래픽 nationalgeographic.com
내셔널 지오그래픽 키즈 kids.nationalgeographic.com
내셔널 지오그래픽 협회 nationalgeographic.org
내셔널 퍼블릭 라디오 npr.org
뉴사이언티스트 newscientist.com
뉴욕 타임스 nytimes.com
사이언스 sciencemag.org
사이언스 데일리 sciencedaily.com
사이언티픽 아메리칸 scientificamerican.com
생물학자에게 물어보세요 askabiologist.asu.edu
스미스소니언 smithsonianmag.com
슬레이트 slate.com
와이어드 wired.com
워싱턴 포스트 washingtonpost.com
캐나다 방송 협회 cbc.ca
타임 time.com
BBC bbc.com
CNN cnn.com
PBS pbs.org

정부, 과학 단체, 학술 단체

갈라파고스 보전 재단 galapagosconservation.org.uk
국립 오듀본 협회 audubon.org
국제 박쥐보호협회 batcon.org
국제자연보전연맹 iucn.org
네이처 nature.com
동물 다양성 웹 animaldiversity.org
메리엄-웹스터 사전 merriam-webster.com
미국 국립보건원 nps.gov
미국 국립생물공학정보센터 ncbi.nlm.nih.gov
미국 어류 및 야생동식물 보호국 fws.gov
미국 의회도서관 loc.gov
미국국립과학원회보 pnas.org
미국해양청 oceanservice.noaa.gov
브리태니커 백과사전 britannica.com
브리태니커 아카데믹 academic.eb.com
사이언스다이렉트 sciencedirect.com
아프리카야생동물재단 awf.org
영국 왕립학회 출판부 royalsocietypublishing.org
오션 컨서번시 oceanconservancy.org
펭귄 인터내셔널 penguinsinternational.org
해양포유류 센터 marinemammalcenter.org
All About Birds allaboutbirds.org
JSTOR 전자 도서관 jstor.org
NASA 스페이스 플레이스 spaceplace.nasa.govv

박물관과 동물원

미국 자연사 박물관 amnh.org
샌디에이고 동물원 animals.sandiegozoo.org
샌디에이고 동물원 키즈 kids.sandiegozoo.org
스미스소니언 국립동물원 nationalzoo.si.edu
스미스소니언 협회 si.edu
씨월드 seaworld.org
영국 자연사 박물관 nhm.ac.uk
플로리다 자연사 박물관 floridamuseum.ufl.edu

기타

기네스 세계 기록 guinnessworldrecords.com
미국 야생동물연맹 nwf.org
세계자연기금 worldwildlife.org
세계자연기금 UK wwf.org.uk
스페이스 space.com
아메리칸 케넬 클럽 akc.org
아틀라스 옵스큐라 atlasobscura.com
판테라 panthera.org

사진 및 그림 출처

위(t), 왼쪽(l), 오른쪽(r), 가운데(c), 아래(b)

표지 이미지: Penguin Alexey Seafarer/Shutterstock; Chameleon PetlinDmitry/Shutterstock 6 (ctr) Dirk Ercken/Shutterstock; 6 (lo) Lillian Tveit/Dreamstime; 8 Barbara Ash/Alamy; 11 SeDm/Shutterstock;12 meunierd/Shutterstock; 17 Mike_shots/Shutterstock; 19 Annette Shaff/Shutterstock; 20 Oliver Thompson-Holmes/Alamy; 21 BIOSPHOTO/Alamy; 23 Abhishek Sah Photography/Shutterstock; 24-25 Lillian Tveit/Dreamstime; 27 Horst Bierau/Moment Open/Getty Images; 28-29 Marisa Estivill/Shutterstock; 30-31 Albert Beukhof/Shutterstock; 32-33 Mike Pellinni/Shutterstock; 35 BIOSPHOTO/Alamy; 36 Hany Rizk/EyeEm/Getty Images; 37 Elena Veselova/Dreamstime; 38-39 D. Parer and E. Parer-Cook/Minden Pictures; 41 PetlinDmitry/Shutterstock; 42 takmat71/Shutterstock; 43 Eric Isselee/Shutterstock; 44 Trent Townsend/Shutterstock; 45 Sarah2/Shutterstock; 46 Kuttelvaserova Stuchelova/Shutterstock; 47 Blazej Lyjak/Shutterstock; 50-51 Marko Steffensen/Alamy; 52-53 Sasha Samardzija/Shutterstock; 54-55 Slavianin/Shutterstock; 56-57 Martin Pelanek/Shutterstock; 57 (tail) Valentyna Chukhlyebova/Shutterstock; 58-59 (up) ipolsone/Shutterstock; 59 ctr Petr Ganaj/Shutterstock; 60 Aleksandar Dickov/Dreamstime; 61 Laura Romin/Alamy; 62-63 Pics516/Dreamstime; 64 BIOSPHOTO/Alamy; 67 Kirsten Wahlquist/Shutterstock; 69 Sibmens/Dreamstime; 70 Kerry Hill/Dreamstime; 72 3Dstock/Shutterstock; 73 Luna Vandoorne/Shutterstock; 74-75 Dave Watts/Alamy; 76 iacomino FRiMAGES/Shutterstock; 77 Nikolai Sorokin/Dreamstime; 78-79 (up) Fotoeye75/Dreamstime; 79 (le) effe45/Shutterstock; 79 (rt) Kazakovmaksim/Dreamstime; 80-81 Joe Sohm/Dreamstime; 83 (le) Andrey_Kuzmin/Shutterstock; 83 (rt) Sonsedska Yuliia/Shutterstock; 85 B. Saxton, (NRAO/AUI/NSF) from data provided by M. Goss, et al.; 86-87 (up) IP Galanternik D.U./iStockphoto/Getty Images; 87 Alexey Seafarer/Shutterstock; 88-89 Rich Carey/Shutterstock; 90 Volodymyr Burdiak/Shutterstock; 91 Nerssesyan/Shutterstock; 94 Sergey Uryadnikov/Shutterstock; 95 Jesse Nguyen/Shutterstock; 96 Eric Isselee/Shutterstock; 98 (up) monticello/Shutterstock; 98 (lo) evaurban/Shutterstock; 99 Cubanito/Dreamstime; 100-101 yevgeniy11/Shutterstock; 103 Antonella865/Dreamstime; 105 Dr Neil Overy/Science Photo Library RF/Getty Images; 106-107 Russ Heinl/Shutterstock; 108 Lightfieldstudiosprod/Dreamstime; 109 Somrerk Witthayanant/Shutterstock; 110 Realstock/Shutterstock; 111 (up) Deyangeorgiev/Dreamstime; 111 (lo) Volodymyr Byrdyak/Dreamstime; 112-113 Digital Storm/Shutterstock; 114-115 Astrid Gast/Shutterstock; 116 Erni/Shutterstock; 117 Vidas/Shutterstock; 119 Steve Adams/iStockphoto/Getty Images; 120 (ctr) TangoFoxtrot2018/Shutterstock; 120 (lo) Steven J. Kazlowski/Alamy; 121 Oktay Ortakcioglu/MediaProduction/E+/Getty Images; 123 Eric Isselee/Shutterstock; 125 Ken Backer/Dreamstime; 126 Dotted Yeti/Shutterstock; 128 Aleksandra Stepanova/Dreamstime; 129 Andersastphoto/Dreamstime; 130-131 Austin Paz/iStockphoto/Getty Images; 133 (up) Tamil Selvam/Shutterstock; 133 (lo) Shmelly50/Shutterstock; 134-135 Norbert Probst/imageBROKER RF/Getty Images; 136 (up) Martin Mecnarowski/Shutterstock; 136-137 JovanaMilanko/iStockphoto/Getty Images; 138 blickwinkel/Alamy; 139 Eric Isselee/Shutterstock; 140-141 buddeewiangngorn/123RF; 143 Steve Byland/Shutterstock; 144 back Damsea/Shutterstock; 144 (lo) Kisneborosmaria/Dreamstime; 145 (up le) Muellek Josef/Shutterstock; 145 (up back) Rich Carey/Shutterstock; 145(lo) incamerastock/Alamy; 146 Artitwpd/Dreamstime; 147 Konrad Zelazowski/Alamy; 148 (door) Aliaksey Dobrolinski/ Shutterstock; 148-149 New Africa/Shutterstock; 150 kai egan/Shutterstock; 151 davemhuntphotography/Shutterstock; 152 massdon/Shutterstock; 154 Jason Prince/iStockphoto/Getty Images; 155 nechaevkon/Shutterstock; 156 Brett Hondow/Shutterstock; 157 Larry N Young/iStockphoto/Getty Images; 158 karinabaumgart/123RF; 159 V_E/Shutterstock; 160-161 M_a_y_a/E+_Getty Images; 162 kojoty/123RF; 163 LouieLea/Shutterstock; 164 Coulanges/Shutterstock; 166-167 Iciar Cano Fondevila/Dreamstime; 168-169 scubaluna/iStockphoto/Getty Images; 170 Ondrej Prosicky/Shutterstock; 171 Debra Boast/Dreamstime; 172-173 cbimages/Alamy; 172-173 (back) Lubo Ivanko/Shutterstock; 175 Jacques Descloitres, MODIS LRRT/NASA/GSFC; 176 Daniel Prudek/Shutterstock; 177 Matt Knoth/Shutterstock; 178 (up) Martin Bech/Shutterstock; 178 (lo) Luciana Tancredo/Shutterstock; 180-181 Bruno Pacha/Shutterstock; 182-183 sabine_lj/Shutterstock; 184 Huseyin Faik/Alamy; 186 Laura Dts/Shutterstock; 188-189 Kurit afshen/Shutterstock; 190 Dirk Ercken/Shutterstock; 192 Dennis van de Water/Shutterstock; 195 Azahara Perez/ Shutterstock; 197 surbs279/iStockphoto/Getty Images; 198 Morphart Creation/Shutterstock

팩토피아 ❹ 동물 상식
꼬리에 꼬리를 무는 400가지 사실들

초판 1쇄 발행일 2023년 4월 25일
초판 2쇄 발행일 2023년 11월 10일

글 줄리 비어 **그림** 앤디 스미스 **옮김** 조은영

발행인 윤호권
사업총괄 정유한
편집 강숙희, 이지혜 **디자인** 정은경 **마케팅** 서승아
발행처 (주)시공사 **주소** 서울시 성동구 상원1길 22, 7-8층 (우편번호 04779)
대표전화 02-3486-6877 **팩스(주문)** 02-585-1247
홈페이지 www.sigongsa.com / www.sigongjunior.com

Animal FACTopia Written by Julie Beer, Illustrated by Andy Smith
ⓒ 2023 Title four: Animal FACTopia
Text ⓒ 2023 What on Earth Publishing Ltd. and Britannica, Inc.
Illustrations ⓒ 2023 Andy Smith
All rights reserved.
Korean translation rights ⓒ 2023 by Sigongsa Co., Ltd.
Korean translation rights are arranged with What on Earth Publishing Ltd.
through AMO Agency Korea.

이 책의 한국어판 저작권은 AMO 에이전시를 통해 저작권자와 독점 계약한 (주)시공사에 있습니다.
저작권법에 의해 한국 내에서 보호를 받는 저작물이므로 무단 전재와 무단 복제를 금합니다.

ISBN 979-11-6925-409-0 74030
ISBN 979-11-6925-405-2(세트)

*시공사는 시공간을 넘는 무한한 콘텐츠 세상을 만듭니다.
*시공사는 더 나은 내일을 함께 만들 여러분의 소중한 의견을 기다립니다.
*잘못 만들어진 책은 구입하신 곳에서 바꾸어 드립니다.

WEPUB 원스톱 출판 투고 플랫폼 '위펍' _wepub.kr
위펍은 다양한 콘텐츠 발굴과 확장의 기회를 높여주는
시공사의 출판IP 투고·매칭 플랫폼입니다.

KC마크는 이 제품이 공통안전기준에 적합하였음을 의미합니다.
제조국: 대한민국 사용 연령: 8세 이상
책장에 손이 베이지 않게, 모서리에 다치지 않게 주의하세요.

Work Book

팩토피아

꼬리에 꼬리를 무는 400가지 사실들

카멜레온은 스스로 색깔을 바꿔서
몸을 식히기도, 데우기도 한다는 사실!

❹ 동물 상식

줄리 비어 글·앤디 스미스 그림·조은영 옮김

시공주니어

교과 연계

과학
- **3-1** 3. 동물의 한살이
- **3-2** 2. 동물의 생활 / 5. 소리의 성질
- **4-1** 2. 지층과 화석 / 4. 물체의 무게
- **4-2** 1. 식물의 생활
- **5-1** 3. 태양계와 별 / 5. 다양한 생물과 우리 생활
- **5-2** 2. 생물과 환경 / 4. 물체의 운동

WELCOME TO FACTopia!

오랜만이야!

이번 팩토피아 여행은 **거친 야생**으로 떠나 볼까 해.

깊은 바다와 뜨거운 사막, 우림과 초원까지

다양한 곳에 사는 멋진 동물들이 총출동!

털 달린 동물, 뾰족한 가시로 뒤덮인 동물, 변신하는 동물,

위험한 동물, 귀엽고 사랑스러운 동물까지!

처음 보고 듣는 동물들도 잔뜩 나오니,

기대해도 좋아!

자, 그럼 동물 박사가 되어 볼까?

팩트력이 쑥쑥 올라가는 초성 퀴즈 동물 ①

팩토피아에는 동물에 관한 놀라운 사실들이 많이 나와요. 아래 초성을 보고 빈칸에 들어갈 말을 맞혀 보세요. 초성 퀴즈를 다 풀고 난 뒤에는 나만의 초성 퀴즈를 만들어서 가족, 친구와 함께해 보면 더 좋아요!

1. 바다코끼리는 사람의 ㅎㅍㄹ 소리와 비슷한 소리를 낼 수 있다.

2. 주머니쥐는 공격받으면 ㅎ 를 내밀고 냄새를 풍긴다.

3. 날치는 ㅈㄴㄹㅁ 와 꼬리로 활공한다.

4. 기린도 낙타처럼 등에 ㅎ 이 있다.

5. 갈라파고스 제도의 바다이구아나는 섭취한 소금기를 ㅈㅊㄱ 로 뱉는다.

6. 오리너구리는 입에 ㅈㄱ 을 넣고 음식을 씹는다.

7. 바다에 사는 별벌레는 ㅍ 가 보라색이다.

8. 귀뚜라미 귀는 ㄷㄹ 에 달렸다.

9. 레서판다는 ㅂㅁ 이 잘 구부러져서 나무를 거꾸로 내려올 수 있다.

10. 오스트레일리아에는 사람보다 ㅋㄱㄹ 가 더 많다.

알쏭달쏭! OX로 답해 봐!

팩토피아에는 놀라운 사실들이 정말 많이 담겨 있어요. 팩토피아의 점선 길을 따라 구석구석 여행한 친구들은 누구나 OX 퀴즈 왕이 될 수 있답니다. 나만의 OX 퀴즈를 만들어서 가족, 친구와 함께해 보면 더 좋아요!

1. 코끼리의 상아는 어금니이다.

    O   X

2. 오색방울새는 육식성이다.

    O   X

3. 스컹크는 냄새를 풍기기 전 앞발을 굴러서 경고한다.

    O   X

4. 흰코뿔소와 검은코뿔소는 몸 색깔이 회색이다.

    O   X

5. 홍학은 고대 이집트 신화 속 불사조에 영향을 주었다.

    O   X

6. 고래는 햇볕에 타지 않는다.

    O   X

팩트 꼬리 물기

벌거숭이두더지쥐는 대장 암컷이 지배하는 무리에서 살아. 다른 가족은 모두 대장의 ▢를 돌보는데 새끼의 ▢까지 먹지.

귀신소쩍새는 독특한 방식으로 기생충이 ▢에게 접근하지 못하게 해. 지렁이 같은 뱀을 잡아서 둥지에 두고 기생충을 잡아먹게 하거든.

기린은 ▢와 ▢의 길이가 같아.

▢는 귀가 없어. 대신 ▢로 진동을 느껴서 소리를 듣지.

거위벌레의 하나인 기린바구미는 유난히 긴 ▢을 크레인처럼 사용해 ▢을 낳을 둥지를 지어.

팩트력이 쑥쑥 올라가는 초성 퀴즈 동물❷

팩토피아에서 동물 상식을 많이 얻었나요? 아래 초성을 보고 빈칸에 들어갈 말을 맞혀 보세요. 초성 퀴즈를 다 풀고 난 뒤에는 나만의 초성 퀴즈를 만들어서 가족, 친구와 함께해 보면 더 좋아요!

1. 붉은캥거루와 회색캥거루는 먹을 때 ㅇㅂ 을 사용한다.

2. 짚옴진드기는 사람의 ㅍㅂ 를 뜯어 먹고 산다.

3. ㅎㅅㅈ 는 날지 못하는 새로, 포식자에게 발차기 공격을 한다.

4. 어린 왈라비는 위험이 닥치면 어미의 ㅈㅁㄴ 로 들어가 숨는다.

5. 전갈은 맹독성 ㄲㄹ 로 상대에게 독을 쏘고 잡아먹는다.

6. 카피바라는 아침마다 자신의 ㄸ 을 먹는다.

7. 바다거북의 성별은 어미가 알을 낳은 모래의 ㅇㄷ 로 결정된다.

8. 스코틀랜드를 대표하는 공식 동물은 ㅇㄴㅋ 이다.

9. 코알라는 ㄴㅁ 를 껴안아서 열을 식힌다.

10. 북극곰의 ㅌ 은 속이 빨대처럼 비어 있다.

알쏭달쏭! OX로 답해 봐!

팩토피아에는 놀라운 사실들이 정말 많이 담겨 있어요. 팩토피아의 점선 길을 따라 구석구석 여행한 친구들은 누구나 OX 퀴즈 왕이 될 수 있답니다. 나만의 OX 퀴즈를 만들어서 가족, 친구와 함께해 보면 더 좋아요!

1. 비버 이빨은 초록색이다.

2. 하마들은 서로서로 턱을 크게 벌려 사랑을 표현한다.

3. 가장 긴 꼬리를 가진 육상 동물은 사자이다.

4. 개구리는 혀가 끈적거린다.

5. 아홉띠아르마딜로의 어미는 언제나 네쌍둥이를 낳는다.

6. 벌코두더지는 물속에서 냄새를 맡을 수 없다.

단어를 찾아라!

<보기>의 □ 안에 들어갈 단어를 아래의 글자 속에서 찾아보세요.

보기

1. 여름철에는 젠투펭귄 3,000마리가 남극의 펭귄 □□□에서 산다.
2. 고슴도치는 꼬리에 있는 □□로 덜걱거리는 소리를 내며 포식자에게 경고한다.
3. 대왕판다는 □□□□ 자세로 오줌을 누기도 한다.
4. 말은 매일 탄산음료 캔 100개를 채울 정도의 □을 흘린다.

날	다	리	눈	새	눈	물	청
개	물	구	팔	오	도	마	뱀
걸	음	땀	궁	물	가	시	독
오	개	루	리	뇌	재	조	리
줌	소	롱	똥	양	주	퐁	우
가	화	석	행	운	넘	저	체
죽	코	물	오	침	기	주	국
징	북	물	구	나	무	땅	크

빙고를 외쳐라!

《팩토피아 ④》에 나온 팩트 중에 엉뚱하고 신기하고 재미있는 팩트를 골라 빙고판을 채워 보세요. 가장 먼저 세 줄 빙고를 외친 사람이 진정한 팩토피언! 가족, 친구와 함께 빙고 게임을 해 보세요.

가로세로 낱말 퍼즐

가로와 세로에 주어진 힌트를 보고 아래의 낱말 퍼즐을 맞춰 보세요.

가로 힌트

㉠ 매너티 성운은 모양이 ☐☐☐ 매너티를 닮아 붙여진 이름이다.

㉡ 오소리는 굴 밖에 얕은 구멍을 내어 ☐☐☐로 사용한다.

㉢ 갈라파고스민고삐수염벌레는 심해 ☐☐☐ 옆에 보금자리를 만든다.

㉣ 공룡 ☐☐☐☐☐☐☐는 백로처럼 물속과 물가에서 모두 사냥했다.

㉤ ☐☐은 다리와 목의 길이가 같고, 목뼈는 사람처럼 일곱 개이다.

㉥ ☐☐는 그리스어로 '강에 사는 말'이라는 뜻이다.

㉦ 신화 속 불사조 ☐☐☐는 홍학에서 유래하였다.

세로 힌트

㉠ ☐☐☐☐☐☐☐☐은 곤충을 뒤쫓거나 포식자에게서 도망칠 때 짧은 거리는 물 위로 내달릴 수 있다.

㉡ 나무늘보는 먹이를 ☐☐하는 데에 한 달이 걸리기도 한다.

㉢ 악어는 오래 ☐☐하기 위해 작은 돌멩이를 삼킨다.

㉣ 황금점박이노래기는 공격을 받으면 구운 아몬드 냄새가 나는 ☐☐☐☐을 내뿜는다.

㉤ 산호초는 바다의 ☐☐☐☐이라고 부를 정도로 다양한 생물이 산다.

㉥ 베네수엘라의 꼬리감는원숭이는 털에 ☐☐☐를 문질러 다른 곤충을 쫓는다.

㉦ 사막에 사는 흰줄박각시나방 애벌레는 놀라면 머리를 들어 올리는데, 꼭 이집트의 ☐☐☐☐를 닮았다.

팩트를 찾아라!

세상에는 온갖 신기한 동물들이 살아요. 호기심을 가지고 주변을 잘 살펴보세요. 책장에 꽂혀 있는 책 속에도 새로운 사실들을 만날 수 있을 거예요. 동물들에 관한 재미있는 사실들을 찾아 나만의 동물 팩토피아를 만들어 보세요.

체크 체크! 정답 확인

2쪽
휘파람(13쪽), 혀(15쪽), 지느러미(20쪽), 혹(27쪽), 재채기(29쪽), 자갈(38쪽), 피(43쪽), 다리(46쪽), 발목(49쪽), 캥거루(76쪽)

3쪽
X(10쪽), X(16쪽), O(22쪽), O(27쪽), O(127쪽), X(37쪽)

4-5쪽
(192-193쪽 참고)

6쪽
왼발(95쪽), 피부(111쪽), 화식조(118쪽), 주머니(133쪽), 꼬리(141쪽), 똥(160쪽), 온도(166쪽), 유니콘(127쪽), 나무(162쪽), 털(97쪽)

7쪽
X(108쪽), X(66쪽), X(103쪽), X(189쪽), O(196쪽), X(115쪽)

8쪽

날	다	리	눈	새	눈	물	청
개	물	구	팔	오	도	마	뱀
걸	음	땅	궁	물	가	시	독
오	개	루	리	뇌	재	조	리
중	소	롱	똥	양	주	퐁	우
가	화	석	행	운	넘	저	체
죽	코	물	오	침	기	주	국
징	북	물	구	나	무	땅	크

우체국(193쪽), 가시(156쪽), 물구나무(138쪽), 침(129쪽)

10-11쪽

		바	다	소			잠		
화	장	실		화		열	수	구	
학		리		대					
물		스	피	노	사	우	루	스	
질		크		래		림		핑	
		도		기	린			크	
	하	마				피	닉	스	
		뱀							

가로
㉠ 바다소(84쪽)
㉡ 화장실(142쪽)
㉢ 열수구(50쪽)
㉣ 스피노사우루스(143쪽)
㉤ 기린(26쪽, 192쪽)
㉥ 하마(165쪽)
㉦ 피닉스(127쪽)

세로
㉠ 바실리스크도마뱀(30쪽)
㉡ 소화(60쪽)
㉢ 잠수(142쪽)
㉣ 화학물질(175쪽)
㉤ 열대우림(63쪽)
㉥ 노래기(174쪽)
㉦ 스핑크스(102쪽)

떠나자!
거친 야생의
팩토피아 로!

바다와 사막, 우림과 초원, 하늘에 사는 동물 총출동

비버의 **이빨이 주황색**이라는 거 알고 있니?
새의 **깃털을 치실로** 사용하는 원숭이가 있다고 하던데.
해달은 **겨드랑이에 돌멩이**를 보관했다가 먹이를 부술 때 사용한다지?
눈표범은 **피부에도 털과 똑같은 점무늬**가 있다는 사실!
얼룩말은 깜짝 놀라면 **방귀를 뀐다는** 것도 놀랍지 않니?

털 달린 동물, 뾰족한 가시로 덮인 동물, 변신하는 동물,
위험한 동물, 귀엽고 사랑스러운 동물까지!
생전 처음 보고 듣는 동물도 나오니, 기대해도 좋아!

이 책에 나오는 모든 사실은 브리태니커에서 검증되었습니다.

★ 팩토피아 서포터즈 강력 추천! ★

"내가 몰랐던, 상상도 못했던 **별의별 생물**을 전부 다 만날 수 있다!"
"팩토피아 덕분에 **우리 가족의 대화 주제**가 다양해졌다!"
"소파에 눌러앉아 보드게임을 하듯 읽을 수 있다. **진짜 진짜 재밌다!**"
"빨리 읽고 싶은데 불가능하다. '**왜, 어떻게**'라는 질문을 던져야 해서."
"**친구와 함께 깔깔 웃으며** 읽을 때 재미는 두 배가 된다!"